REMPART
MUTUELLE
FINALE
2024
AKKODIS

Talent Éditions
115 rue de l'Abbé Groult, 75015 Paris

Photos :
P2/3 : Hugo Pfeiffer/Icon Sport ; P9 : Loic Cousin/Icon Sport ; P10 : Anthony Dibon/Icon Sport ; P11 : Anthony Dibon/Icon Sport ; P13 : Hugo Pfeiffer/Icon Sport ; P16 : Derewiany / Icon Sport ; P17 : REMY GABALDA / AFP ; P18 : Gilles Aubert / Icon sport ; P21 : Anthony Dibon/Icon Sport ; P22 : Gareth Copley / PA Images / Icon Sport ; P26 : Hugo Pfeiffer/Icon Sport ; P27 : Patrick Aventurier/ABACAPRESS.COM - Photo by Icon sport ; P28 : CHRISTOPHE SIMON / AFP ; P29 : PA Images / Icon Sport ; P30 : Sandra Ruhaut/Icon Sport ; P32 : Daniel Derajinski/Icon Sport ; P33 : Jerome Dominé/ABACAPRESSCOM - Photo by Icon Sport ; P34 : Mike Egerton/Icon Sport ; P35 : Jari Pestelacci/Icon Sport ; P37 : Hugo Philpott/UP5 - Photo by Icon Sport ; P40 : Anthony Bibard/FEP/Icon Sport ; P41 : Anthony Bibard/FEP/Icon Sport ; P42 : Nathan Barange/Icon Sport ; P44 : PA Images / Icon Sport ; P45 : Liam McBurney / Icon Sport ; P47 : Loic Cousin/Icon Sport ; P48 : Anthony Dibon/Icon Sport ; P50 : FEP/Icon Sport ; P51 : Icon Sport ; P52 : Nathan Barange/Icon Sport ; P59 : Dave Winter / Icon Sport ; P61 : Baptiste Fernandez/Icon Sport ; P63 : Manuel Blondeau / Icon Sport ; P54, 55, 56, 66, 67, 68, 69, 70, 72, 73, 77, 78, 79, 81, 82, : Anthony Dibon/Icon Sport ; P84, 86 : Simon West / Icon Sport ; P88 : Harry Murphy/Sportsfile - Photo by Icon Sport ; P91, 92 : Mike Egerton / Icon Sport ; P94 : Simon West / Icon Sport ; P99 : FEP/Icon Sport ; P100 : Hugo Pfeiffer/Icon Sport ; P102 : Sam Barnes/Sportsfile - Photo by Icon Sport ; P103 : Harry Murphy/ Sportsfile - Photo by Icon Sport ; P105 : Nathan Barange/Icon Sport ; P106 (haut) : Loic Cousin/Icon Sport ; P106 (bas) : Nathan Barange/Icon Sport ; P107 : Nathan Barange/Icon Sport ; P108 : Loic Cousin/Icon Sport ; P109 : Loic Cousin/Icon Sport ; P110 (haut) : Loic Cousin/Icon Sport ; P110 (bas) : Loic Cousin/Icon Sport ; P113, 114 : Loic Cousin/Icon Sport ; P116 : EP/Icon Sport ; P117 : Pierre Costabadie/Icon Sport ; P118 : Pierre Costabadie/Icon Sport ; P119 : Pierre Costabadie/Icon Sport ; P120 : Pierre Costabadie/Icon Sport ; P122 : Abaca / Icon Sport ; P123 : Alexandre Dimou/Alexpress/Icon Sport ; P125 : Sylvain Thomas/FEP/Icon Sport ; P126 : Hugo Pfeiffer/Icon Sport ; P128 : Hugo Pfeiffer/Icon Sport ; P129 : Hugo Pfeiffer/Icon Sport ; P130 : Sylvain Thomas/FEP/Icon Sport ; P132 : Sylvain Thomas/FEP/Icon Sport ; P133 : Hugo Pfeiffer/Icon Sport ; P134 : Hugo Pfeiffer/Icon Sport ; P136 : Hugo Pfeiffer/ Icon Sport ; P138 (haut) : Brendan Moran/Sportsfile - Photo by Icon Sport ; P138 (bas) : Loic Cousin/Icon Sport ; P139 (haut) : Loic Cousin/Icon Sport ; P139 (milieu) : Anthony Dibon/Icon Sport ; P139 (bas) : Dave Winter/Icon Sport ; P140 (haut) : Nathan Barange/Icon Sport ; P140 (milieu) : Loic Cousin/Icon Sport ; P140 (bas) : Loic Cousin/Icon Sport ; P141 (haut) : Mike Egerton/ Icon Sport ; P141 (bas) : Hugo Pfeiffer/Icon Sport ; P142 (haut) : Loic Cousin/Icon Sport ; P142 (bas) : Hugo Pfeiffer/Icon Sport ; P143 (haut) : Mike Egerton/Icon Sport ; P143 (milieu) : Loic Baratoux/FEP/Icon Sport ; P143(bas) : Pierre Costabadie/Icon Sport ; P156/157 : Huw Evans Agency / Icon Sport ; P158/159 : Dan Mullan / GETTY IMAGES EUROPE / Getty Images via AFP

ISBN : 978-2-37815-409-7

THIBAUT GEFFROTIN

STADE TOULOUSAIN 2024

Les seigneurs de l'Ovalie

ÉPOPÉE 2024 – 6E ÉTOILE ET 23E BRENNUS

Talent Sport

Sommaire

Chapitre I

ENTRETIEN AVEC *François Cros*

« La saveur d'un trophée est unique »

Né à Toulouse, formé au Stade, le troisième ligne de 30 ans est l'un des joueurs emblématiques d'une génération dorée.

Vous êtes quadruple champion de France (2019, 2021, 2023, 2024) et double champion d'Europe (2021, 2024). Est-ce qu'un tel palmarès peut donner le tournis ?

François Cros : Non, au contraire, c'est une fierté, et j'ai même envie d'étoffer ce palmarès, de faire grandir encore l'histoire du club et d'être un acteur de cette Histoire.

On dit parfois que le Stade toulousain est le Real Madrid du rugby. Êtes-vous d'accord avec la comparaison ?

Non. Ils ont gagné quinze coupes d'Europe... Il nous reste encore du chemin. Forcément, la comparaison est flatteuse pour notre club, quand on voit la force du Real Madrid à l'échelle du foot. C'est gratifiant, mais on parle de deux sports complètement différents. Nous ne devons pas nous prendre pour d'autres. Il faut continuer à travailler comme on l'a toujours fait, c'est ce qui fait notre force : la remise en question, chaque année, pour aller chercher de nouveaux trophées.

Quel est, selon vous, le secret du Stade toulousain pour maintenir ce niveau de performance année après année ?

C'est un travail de longue haleine, réalisé dès les catégories de jeunes au centre de formation. Chaque année, des jeunes du cru sont incorporés au sein de l'effectif professionnel, ce qui crée une émulation qui tire l'équipe vers le haut. Aucun joueur ne peut se reposer sur ses acquis. Chaque année, on doit progresser, s'émanciper et faire en sorte que le collectif en sorte gagnant. Pour avoir sa place sur le terrain, il faut batailler à l'entraînement.

Vous êtes né à Toulouse, comme plusieurs de vos coéquipiers. Que représente le fait de briller dans le club de votre ville ?

C'est un rêve. C'est génial de ne pas voir eu besoin de bouger pour vivre de ma passion. J'ai la chance d'avoir ma famille autour de moi, c'est aussi un confort. C'est l'avantage d'être un local. Pour un rugbyman toulousain, il n'existe qu'un seul club intéressant.

Enfant, que représentait le Stade toulousain à vos yeux ?

J'ai découvert le rugby relativement tard, à dix ans. Au début, je jouais dans mon petit club de Seilh, sans grande ambition, simplement pour le plaisir de pratiquer le rugby avec les copains. Ensuite, j'ai eu la chance d'assister à des matches au stade, c'était exceptionnel, avec des

équipes incroyables qui ramenaient de nombreux trophées. Forcément, ça donnait envie de faire partie de l'aventure, mais c'est venu petit à petit au fur et à mesure des sélections. Je n'avais pas de plan de carrière. C'est venu petit à petit. Je prenais du plaisir sur le terrain, en progressant et gravissant les échelons les uns après les autres. Quand il s'est rapproché, le professionnalisme est devenu un objectif, mais quand j'étais gamin, c'était loin d'être une priorité.

Qui étaient vos idoles ?

Je n'aime pas trop idolâtrer un joueur en particulier. J'aime prendre en compte les qualités de chacun dans un collectif, chacun dans son registre. Au Stade, il y a tellement de grands joueurs qu'il est difficile d'en sortir un du lot.

Après la désillusion de la coupe du monde 2023, comment vous êtes-vous remobilisé pour les objectifs de club ?

C'est vrai que ça a été très compliqué après la coupe du monde. La désillusion a été dure à effacer... non, d'ailleurs, pas à effacer, car ce n'est toujours pas effacé. Mais j'ai éprouvé des difficultés pour passer à autre chose. Lors des premiers matches de Top 14, c'était difficile de retrouver de l'allant et de l'envie. Je n'avais plus la gagne. Je n'étais pas animé par le même état d'esprit que pour la coupe du monde, car le challenge sportif était très inférieur. Il m'a fallu du temps pour me relancer. L'arrivée de la coupe d'Europe m'a fait un bien fou. C'est une compétition qui va très vite. Il faut être très bon dès les phases de poules pour être bien positionné pour la suite. Personnellement, cela m'a fait beaucoup de bien. C'est vraiment la coupe d'Europe qui m'a remotivé et qui a lancé ma saison. J'ai senti l'ambition et l'appétit revenir.

On dit souvent que vous êtes un joueur de l'ombre. Êtes-vous d'accord avec cette définition ?

Oui, ça ne me dérange pas. Sur le terrain, il y a du travail pour tout le monde. Certaines tâches sont peut-être moins visibles que d'autres, mais elles sont tout aussi importantes.

Ugo Mola dit de vous que vous faites le boulot qui permet aux autres de briller. Est-ce votre mission ?

Oui, c'est l'une de mes missions. Je trouve ça gratifiant d'être reconnu pour ça, presque plus que de marquer et de finaliser le travail des autres.

En finale, vous avez affronté une fois de plus l'Irlandais Josh Van der Flier. Comment vivez-vous ces duels répétés ?

Face à cette équipe, il y a des duels à tous les niveaux, avec des joueurs de référence à tous les postes. C'est toujours bon de s'évaluer face à eux, de remporter nos duels. C'est comme ça que j'aborde ces matches, avec l'envie d'être meilleur que mon vis-à-vis direct.

Vous avez vécu deux finales complètement différentes. Face au Leinster, la prolongation, le suspens... Contre l'UBB, le festival à sens unique. Qu'est-ce qui procure le plus d'émotions ?

Ce sont deux émotions complètement différentes, mais incroyables l'une comme l'autre. Face au Leinster, on était tendus, stressés jusqu'au dénouement. C'était un match très disputé, hyper long. Moralement, émotionnellement, c'était forcément très fort. Cela a rendu notre victoire incroyable. Face à Bordeaux, le fait que la victoire se soit dessinée rapidement nous a permis de profiter sur le terrain, en fin de match, pour savourer l'événement, avant même le coup de sifflet final. Contre Bordeaux, c'est la première fois qu'on gagnait une finale avec une telle marge. Durant les dix dernières minutes du match, on a pu se sortir la tête du terrain, en profitant de la ferveur des tribunes.

Du point de vue d'observateur, la finale de Top 14 semblait facile. Comment l'avez-vous vécue sur le terrain ?

On savait que l'entame serait capitale, et que les vingt premières minutes seraient très dures. Si on remportait ce bras de fer, on savait qu'on prendrait l'ascendant psychologique face à une équipe fatiguée de sa fin de saison, qui disputait sa première finale avec un certain nombre de blessés sur la feuille. On savait que si on démarrait bien, le Bouclier serait à nous. On a pris beaucoup de plaisir tout au long du match, et à la fin, on a réussi à garder sérieux et rigueur pour leur passer soixante points.

Après avoir tout gagné, plusieurs fois, à quoi rêvez-vous pour l'avenir ?

J'espère faire aussi bien. Chaque année, on repart à zéro avec de nouveaux objectifs et un nouvel effectif, même si cette année, le groupe reste très stable. À chaque début de saison, on a le souvenir de ce qu'on a fait auparavant. Pour reproduire la même chose, il faut énormément de travail tout au long de l'année. Les saisons sont longues, mais la saveur de remporter un trophée est unique, avec des émotions indescriptibles.

Devenir la meilleure génération de l'histoire du Stade toulousain, en parlez-vous entre coéquipiers ?

On n'en parle pas, mais c'est quelque chose qui traîne dans un coin de nos têtes. On évolue dans un club incroyable qui a vécu des années magnifiques. Pouvoir laisser son nom et sa trace dans l'histoire de ce club, cela fait envie. Si on arrive à gagner encore quelques trophées, on sera la génération la plus prolifique.

Chapitre II

TOULOUSE, *un savoir-faire européen*

Recordman de victoires en coupe d'Europe, le Stade toulousain a été titré au moins une fois dans chaque décennie. Une longévité remarquable qui cache un véritable savoir-faire continental.

Dans les années soixante, une première ébauche de coupe d'Europe avait été dessinée par quelques clubs du continent. Le club héraultais de Béziers avait remporté la première édition, le 24 juin 1962 en Roumanie, face au Grivita Rosie de Bucarest (11-3). Lors des éditions suivantes, les clubs roumains du Grivita Rosie et du Dinamo Bucarest trustent les victoires de cette éphémère coupe d'Europe des clubs champions. D'autres clubs de l'Hexagone y participent (Grenoble en 1962-1963, Mont-de-Marsan en 1963-1964 et Agen en 1964-1965), mais pas le Stade toulousain. Il ne s'agit pas de la meilleure période du club haut-garonnais. Au mitan des années soixante, Toulouse ne dépasse pas le stade des seizièmes de finale du Championnat de France. Le dernier sacre national remonte à l'année 1947 (Toulouse avait réussi le doublé championnat-Challenge Yves-du-Manoir), et il faudra attendre 1969 pour revoir Toulouse en finale du championnat, et même l'an 1985 pour revoir les couleurs rouge et noire au sommet du rugby français. Mais, à cette époque, la coupe d'Europe n'existe pas. Le rugby est encore amateur.

Dix ans plus tard, le professionnalisme entre en vigueur.

Toulouse est de retour sur le devant de la scène. Club majeur du début du XXe siècle (six titres de champion de France de 1912 à 1927), le Stade toulousain fait à nouveau main basse sur le rugby tricolore en multipliant les succès nationaux (1985, 1986, 1989, 1994, 1995, 1996, 1997, 1999, 2001…).

À jamais les premiers

En 1996, une véritable coupe d'Europe s'installe dans le paysage du rugby continental. À l'initiative du comité des Cinq nations (mais sans clubs anglais ni écossais, avec en revanche des clubs italiens et roumains), douze équipes s'affrontent tout au long de la saison. Bordeaux-Bègles, Castres et Toulouse y participent.

Pour cette première coupe d'Europe, douze équipes s'affrontent en quatre poules de trois. Le Stade toulousain écrase le Farul Constanta lors d'un déplacement épique en Roumanie (54-10) et domine le club italien du Benetton Trévise (18-9). En demi-finale, les Toulousains surclassent les Gallois de Swansea (30-3), au stade des Sept deniers (ancien nom du stade Ernest-Wallon). Hervé Manent et Eric Artiguste inscrivent les essais toulousains, quand Christophe Deylaud se charge des coups de pied.

Le 7 janvier 1996, le Stade toulousain débute son histoire passionnelle avec la coupe d'Europe de rugby, en disputant la première finale à Arms Park (Cardiff), devant près de 22 000 spectateurs, face au club de Cardiff, qui joue donc à domicile. Le stade, qui n'est pas plein, sera détruit quelques mois plus tard pour ériger le Millenium Stadium. Le match est serré et se joue en prolongation (21-18). Face aux sept pénalités d'Adrian Davies, Toulouse inscrit deux essais, par Thomas Castaignède et Jérôme Cazalbou. On retrouve dans cette équipe de grands noms du rugby français. En voici la composition exacte, du pilier gauche à l'arrière :

Califano, Soula, Portolan – Miorin, Belot – Lacroix, Dispagne, Manent – Cazalbou, Deylaud – Berty, Castaignède, P.Carbonneau, Ntamack (cap.), Ougier.

Remplaçants : Mola, Artiguste, Castel, Guiter, Bacqué, O.Carbonneau, Lasserre.

Entraîneur : Guy Novès

Au lendemain de la finale, « Milou » Ntamack et Philippe Carbonneau brandissent la coupe à la une de *Midi Olympique*. Sur le papier jaune, un mot suffit pour décrire l'événement :

Inoubliable. « Une finale superbe qui crédibilise la compétition », écrivent les journalistes du Midol dans les pages intérieures, quand les Gallois en bleu et noir reconnaissent la supériorité toulousaine : « Merci pour la leçon ».

Cette année-là, Toulouse remporte aussi le Championnat de France, au Parc des princes, 20 à 13 face au CA Brive. L'équipe corrézienne succédera d'ailleurs à Toulouse au palmarès de la coupe d'Europe.

En effet, les Rouge et Noir devront attendre les années 2000 pour graver à nouveau les deux mots magiques – « Stade toulousain » – sur la coupe d'Europe.

Lors de la saison 1996-1997, les clubs anglais (Bath, Leicester, Harlequins, Wasps) et écossais (Édimbourg...) rejoignent la compétition. À Loftus Road, les Toulousains sont d'ailleurs écrasés par les London Wasps (77-17), mais se qualifient malgré tout grâce à leurs succès contre Cardiff, le Munster et le club italien d'Amatori. Toulouse écarte Dax en quarts de finale (26-18), mais tombe en demie face aux Tigers de Leicester, à Welford Road (37-11). En finale, le CA Brive venge le Stade toulousain avec un net succès (28-9) des géniaux Christophe Lamaison et Alain Penaud. Le demi de mêlée est un certain Philippe Carbonneau, transfuge des Rouge et Noir.

Après ces deux premiers succès français, les Anglais et les Irlandais vont mettre la main sur la compétition : Bath (1998), l'Ulster (1999), Northampton (2000) et Leicester (2001, 2002) sont tour à tour champions d'Europe. Le Stade est souvent éliminé par le futur finaliste, sauf en 2001 et 2002 – période de la terrible catastrophe de l'usine AZF à Toulouse – où le club rouge et noir ne passe pas les poules.

Génération dorée

Lors de la saison 2002-2003, le Stade toulousain aligne une équipe que l'on pourrait qualifier, avec le recul, vingt ans plus tard, de *galactique* : Fabien Pelous, Frédéric Michalak, Cédric Heymans, Vincent Clerc, Yannick Jauzion...

La compétition a évolué, et il faut désormais disputer des matches aller-retour durant la phase de poules. Le club français devance les Anglais du London Irish, les Écossais d'Édimbourg et les Gallois de Newport. Future star du rugby tricolore, Vincent Clerc inscrit un doublé d'essais dès son premier match. La marque des grands champions ! À l'issue de sa carrière, Clerc restera le deuxième meilleur marqueur d'essais de l'histoire de la coupe d'Europe, à cinq longueurs de Chris Ashton (41 essais). Le

11 janvier 2003, au stade Ernest-Wallon contre Newport, Toulouse dispute déjà son cinquantième match européen – la statistique vaut aussi pour le manager Guy Novès, qui reste l'indéboulonnable guide des Rouge et Noir. Le Stade, qui a le sens des dates marquantes, s'impose 70 à 18.

Les Toulousains écartent les Saints de Northampton en quart de finale (32-16) et le Munster en demi-finale (13-12). En finale, Toulouse retrouve Perpignan. Il s'agit de la première finale franco-française de l'histoire de la coupe d'Europe, une jolie habitude que le rugby tricolore fera perdurer dans le temps. Grâce à l'essai de Vincent Clerc et aux coups de pied de Yann Delaigue, le Stade toulousain bat l'USAP de Jérôme Thion et Jean-Marc Souverbie (22-17), dans l'antre légendaire du Lansdowne Road de Dublin. Sept ans après leur premier sacre européen, les Toulousains remportent à nouveau la Champions Cup – que l'on appelait encore la « H Cup », en référence à un sponsor désaltérant, mais interdit par la loi Evin –, égalant ainsi Leicester, champion en 2001 et 2002.

Les quinze champions : Lecouls, Bru, Poux – Gérard, Pelous (cap.) – Brennan, Bouilhou, Labit – Michalak, Delaigue – Clerc, Jauzion, Garbajosa, Ntamack, Poitrenaud.

Remplaçants : Servat, Soulette, Maka, Lamboley, Dupuy, Heymans, Desbrosse.

Entraîneur : Guy Novès

En 2003, le Stade toulousain manque le doublé en perdant en finale du Championnat de France contre le Stade français (32-18).

Poitrenade à Twickenham

L'année suivante, Toulouse est encore en finale de coupe d'Europe, mais s'incline à Twickenham face aux London WASPS (27-20), après une énorme bourde de Clément Poitrenaud en fin de match. À la 77e minute, alors que le score est de 20-20, l'arrière toulousain prend trop de temps pour contrôler le ballon qui rebondit de façon capricieuse entre la ligne de touche et la ligne d'en-but, suite à un coup de pied anglais. Dépassé, il est devancé par Rob Howley. L'espiègle demi de mêlée gallois a anticipé l'étonnante bévue de l'un des meilleurs joueurs d'Europe à son poste, et aplatit l'essai de la victoire. « Oh ! my Godness », s'étouffe le commentateur britannique, quand les critiques du rugby donnent un nom à la boulette : une *poitrenade*. « Je crois que je fais un de mes meilleurs matches depuis deux saisons, souffle l'arrière dans La Dépêche. Malheureusement, on ne retiendra que cette grosse, grosse connerie. »

Clément Poitrenaud prendra cependant sa revanche.

Seuls sur le toit de l'Europe

Le 22 mai 2005, Toulouse devient la première équipe titrée trois fois en coupe d'Europe. En phase de groupes, les joueurs de Guy Novès dominent les Scarlets de Llanelli, les Warriors de Glasgow et les Saints de Northampton. Étonnamment, Toulouse retrouve Northampton dès les quarts (37-9) puis Leicester en demies (27-19). Et encore une finale 100 % tricolore ! À Murrayfield, Toulouse l'emporte 18-12 après prolongation face au Stade français, dans une finale sans essai, marquée par les coups de pied de Jean-Baptiste Ellissalde, Frédéric Michalak et David Skrela.

Les quinze champions : Poux, Servat, Hasan – Pelous (cap.), Millo-Chluski – Brennan, F.Maka, Labit – Elissalde, Michalak – Thomas, Fritz, Jauzion, Clerc, Poitrenaud.

Remplaçants : Bru, Human, I.Maka, Bouilhou, Dubois, Heymans, Gérard.

Entraîneur : Guy Novès

Quatrième étoile

En 2008, il ne manque que quatre points à Toulouse pour griffer une quatrième étoile sur son maillot rouge et noir. Hélas, les joueurs de Guy Novès s'inclinent en finale au Millenium, face au Munster (16-13).

L'année suivante, la province irlandaise rivale – le Leinster – remporte son premier titre européen. Nous reparlerons des Dubliners un peu plus tard...

En 2010, Toulouse domine Sale, les Harlequins et les Cardiff Blues en phase de poules. Après avoir battu le Stade français en quarts (42-16) et les Irlandais du Leinster en demies (26-16), l'équipe de Guy Novès affronte le Biarritz Olympique en finale, au Stade de France. Quelques mois après le Grand Chelem du XV de France de Marc Lièvremont, c'est le triomphe du rugby tricolore ! En finale, les Toulousains s'imposent de justesse (21-19) grâce notamment à trois drops passés par Florian Fritz et David Skrela. Alors que ce geste technique a pratiquement disparu du rugby contemporain, il est opportun de souligner que le drop a permis à Toulouse de remporter son quatrième titre européen. Alors... tentez, messieurs, tentez !

Les quinze champions : Poux, Servat, Lecouls – Millo-Chluski, Albacete – Bouilhou, Sowerby, Dusautoir – Kelleher, Skrela – Médard, Jauzion, Fritz, Clerc, Poitrenaud.

Remplaçants : Vernet Basualdo, Human, Johnston, Maestri, Picamoles, Elissalde, David, Heymans.

Entraîneur : Guy Novès

Dans la grande coupe d'Europe, deux saisons se passent sans club tricolore en finale, ce qui n'était jamais arrivé depuis l'instauration de cette compétition continentale. Le Leinster en profite pour remporter deux fois la coupe, en 2011 et 2012. Le règne toulousain est terminé pour dix ans. Sur la rade, Mourad Boudjellal a construit une équipe étoilée taillée pour l'Europe. C'est le début d'une nouvelle ère rouge et noir, avec un accent différent. Le RC Toulon devient la première équipe – et toujours la seule, à ce jour – à remporter trois titres continentaux consécutifs, en 2013, 2014 et 2015.

En 2014, Toulouse marque cependant les esprits, ou tout du moins les livres d'or des statisticiens, en devenant la première équipe à gagner 100 matches de coupe d'Europe, le 7 décembre 2014 à Ernest-Wallon, face aux Glasgow Warriors (19-11).

Après l'âge d'or toulonnais, le rugby tricolore va souvent buter sur un os anglo-saxon en finale. Le Racing 92 (2016 face aux Saracens, 2018 face au Leinster, 2020 face à Exeter) et Clermont (2017 face aux Saracens) échouent dans leur quête vers le titre suprême.

En 2018, Dublin a rejoint Toulouse sur son piédestal. Désormais, le Leinster et le Stade se partagent la place de recordman de trophées européen : quatre chacun.

Désormais entraînés par Ugo Mola, les Rouge et Noir entendent retrouver leur suprématie. En 2020, la formule de la Champions Cup a changé : deux poules de 12, chaque club doit disputer quatre rencontres. La première journée est très enlevée. Au bout d'un match serré, Toulouse s'impose à Belfast face à l'Ulster (22-29), grâce notamment

à un doublé de Cheslin Kolbe. Une victoire encore plus déterminante qu'on ne l'imaginait ce jour-là. En effet, en raison de la pandémie de Covid-19, le gouvernement français demande aux clubs de l'Hexagone de « reporter leur participation aux rencontres de coupe d'Europe au moins jusqu'à début février, à la fois pour les matches organisés en France et ceux se tenant sur les sols britannique et irlandais. ». Finalement, l'EPCR (European Professional Championship Rugby) remodèle un format à la hâte afin de mener la compétition à son terme, en avril et en mai. Toulouse est ainsi qualifié en huitièmes de finale, au bénéfice de cette seule victoire acquise sur le terrain, à Belfast. En huitième, au Thomond Park de Limerick à huis clos, Toulouse élimine le Munster (33-40, doublé de Dupont). Pour la suite du tournoi, le hasard du tirage au sort réserve exclusivement des adversaires français au Stade toulousain. En quarts, le match se joue à Clermont, et propose un duel de buteurs entre Morgan Parra (4 pénalités) et Romain Ntamack (7 pénalités) : Toulouse s'impose 21 à 12. En demi-finale, Toulouse écarte Bordeaux-Bègles (21-9 à Ernest-Wallon), avec des essais de Lebel et Dupont. Pendant ce temps, La Rochelle crée une immense surprise en éliminant le Leinster ! La finale que l'Europe du rugby attendait, entre les deux quadruples tenants du titre, n'aura pas lieu, la faute aux valeureux Rochelais qui vont disputer leur première finale européenne.

Inexpérimentés à ce niveau et plombés par le carton rouge de Levani Botia dès la 27e minute, les joueurs de Ronan O'Gara s'inclinent à Twickenham, devant 10 000 spectateurs masqués autorisés à assister à la finale, en respect des règles sanitaires en vigueur. Avec un essai de Juan Cruz Mallia et six coups de pied de Romain Ntamack, Toulouse remporte sa cinquième coupe d'Europe.

Les quinze champions : Baille, Mauvaka, Faumuina – Rory Arnold, Richie Arnold – Elstadt, Cros, Kaino – Dupont (cap.), Ntamack – Lebel, Ahki, Mallia, Kolbe, Médard.

Remplaçants : Marchand, Castets, Ainu'u, Tekori, Flament, Tolofua, Germain, Ramos.

Entraîneur : Ugo Mola

La quête de la sixième étoile

En 2022, la coupe d'Europe haut-garonnaise suit une thématique irlandaise. En huitième : l'Ulster. En quarts : le Munster. À chaque fois, dans la douleur, notamment le quart de finale remporté... aux tirs au but, un dénouement rarissime au rugby. En demi-finale, une troisième province irlandaise finit par avoir la peau des quintuples champions d'Europe. Le Leinster bat sèchement le Stade (40-17). Tout semble écrit pour que les Dubliners de Jonathan Sexton rejoignent Toulouse au palmarès avec une cinquième victoire, mais, encore une fois, La Rochelle s'interpose, en soulevant le premier trophée majeur de son histoire.

Et en 2023 ? Rebelote ! Après avoir suivi cette fois-ci une thématique sud-africaine surprenante et anti-écologique (Bulls en huitièmes, Sharks en quarts), Toulouse est encore éliminé par le Leinster en demi-finale (41-22), et la province irlandaise est renversée, en finale à Dublin, par l'époustouflant Stade rochelais qui réalise un retentissant doublé.

Toulouse reste donc l'équipe la plus titrée d'Europe avec cinq trophées, contre quatre pour les Irlandais du Leinster...

Statistiques – le Stade toulousain en coupe d'Europe

Plus grand nombre de trophées remportés : 6 (1996, 2003, 2005, 2010, 2021, 2024)

Plus grand nombre de participations à une finale : 8 (avec deux finales perdues en 2004 et 2008)

Plus grand nombre de titres pour un joueur : Frédéric Michalak (6 : trois avec Toulouse, trois avec Toulon)

Plus grand nombre de participations consécutives à une finale : 3 (à égalité avec La Rochelle, le Leinster et Toulon)

Deuxième équipe avec le plus grand nombre de matches (202), derrière le Leinster (204)

Chapitre III

LES TOULOUSAINS *à la coupe du monde*

Avant de briller en rouge et noir, dix-huit joueurs de l'effectif toulousain – soit plus d'une équipe titulaire ! – ont participé à la coupe du monde 2023, sur le sol français.

Pour les grosses écuries du Championnat de France, la saison 2023-2024 a commencé de façon tronquée, sans les joueurs retenus par leur sélection respective, d'abord pour la préparation estivale, puis pour la coupe du monde disputée à l'automne. Et encore, on ne vous parle pas du Tournoi des VI Nations organisé quatre mois après le Mondial, ni même de la présence du capitaine toulousain – Antoine Dupont – avec l'équipe de France de rugby à 7, qui prépare les Jeux olympiques de Paris.

Traditionnellement, le Stade toulousain est l'un des plus importants pourvoyeurs d'internationaux français. Fabien Galthié ne rompt pas les bonnes habitudes en 2023 : dix Toulousains sont sélectionnés pour porter le maillot bleu.

On a beau dire « Jeu de mains, jeu de Toulousains » depuis la nuit des temps, la majorité des Rouge et Noir retenus sont des avants (7), contre trois arrières.

Avants : Baille, Aldegheri (piliers), Marchand, Mauvaka (talonneurs), Flament (deuxième ligne), Cros, Jelonch (troisièmes lignes)

Arrières : Dupont (demi de mêlée), Ramos (arrière), Jaminet (arrière)

À une blessure (Ntamack) ou un passeport (Meafou) près, le recensement aurait pu s'allonger. Tout comme Lebel et Roumat postulaient pour intégrer la liste –, ce sera le cas lors du Tournoi 2024.

Au talon, un Toulousain peut en cacher un autre

Lors du match d'ouverture face à la Nouvelle-Zélande, cinq Toulousains sont titulaires : Marchand, Flament, Cros, Dupont et Ramos (6 coups de pied réussis). Si Jelonch et Baille ne sont pas encore prêts physiquement à jouer, les deux autres Toulousains remplaçants ne font pas de la figuration : Mauvaka remplace Marchand – blessé à la cuisse – dès la 12e minute, et Melvyn Jaminet inscrit le second essai français, qui valide la victoire des Bleus face aux All Blacks. La coupe du monde est lancée !

Jelonch intègre une équipe de France remaniée pour affronter l'Uruguay, Jaminet en profite pour remplacer Ramos au but, et Mauvaka impressionne par la diversité de sa palette rugbystique. Encore méconnu du grand public, le talonneur néo-calédonien aplatit le deuxième essai tricolore cinq minutes après son entrée en jeu (27-12).

Face à la Namibie, la France propose un rugby total qui ne déplaît pas aux Toulousains : Flament, Dupont et Jaminet inscrivent un essai chacun, contribuant tous aussi au festival

de Damian Penaud (triplé). Thomas Ramos se régale au pied (13 transformations à taper, toutes réussies !) et les Bleus écrasent la Namibie : 96-0. La plus large victoire de l'histoire du rugby français. Hélas, la soirée vire au cauchemar pour Antoine Dupont. Le capitaine toulousain subit un placage dangereux de la part de Deysel, le capitaine namibien. Blessé au visage, Dupont quitte ses partenaires en début de seconde période.

Dupont, retour express

Le verdict tombe : fracture maxillo-zygomatique. Dans cette situation, un joueur normal aurait déclaré forfait pour la suite de la compétition. Antoine Dupont est l'exact inverse d'un joueur normal. Alors, il se fait opérer en urgence. Et, alors que le joueur-star des Bleus est à peine sorti de la salle d'opération, la FFR indique qu'il « va pouvoir revenir au sein de l'équipe de France dans un processus de reprise sportive progressive et sous contrôle médical ». La santé d'Antoine Dupont devient un enjeu national, commenté à tort et à travers dans tous les médias. Certains spécialistes lui prédisent même une potentielle perte d'acuité visuelle s'il subissait un nouveau choc au visage durant cette coupe du monde. Après la grave blessure de Romain Ntamack (genou, rupture du ligament croisé antérieur) durant la préparation, l'addition est salée pour l'équipe de France – et aussi pour le Stade toulousain.

Dupont est logiquement absent lors du dernier match de la phase de groupes, contre l'Italie (60-7), durant lequel deux Toulousains aplatissent un essai : Peato Mauvaka et Thomas Ramos.

En quart de finale, les Bleus affrontent le champion du monde en titre – l'Afrique du Sud – au Stade de France. Vingt-quatre jours après sa blessure, Antoine Dupont est titulaire et dispute même l'intégralité de la rencontre.

Les Toulousains d'hier et d'aujourd'hui sont omniprésents dans le scénario de ce match qui regorge de dramaturgie. Cyril Baille inscrit le premier essai du quart de finale dès la 5e minute. L'Afrique du Sud répond par le biais de Damian de Allende (18e), puis c'est Peato Mauvaka – encore lui ! – qui redonne l'avantage aux Français (26e). Les essais pleuvent sur le Stade de France au cours de cette première période. À la 26e minute, c'est un ancien Toulousain qui replace les deux équipes à deux essais partout : Cheslin Kolbe, champion d'Europe en 2021 avec le Stade, 82 matches sous le maillot rouge et noir. Français et Springboks se rendent coup pour coup. Et revoilà Cyril Baille ! Le pilier gauche signe un doublé qui permet aux Bleus de Galthié de mener à la pause (22-19). Après le festival d'essais de la première période (6), un seul sera aplati au retour des vestiaires, par le bourreau des tricolores : Eben Etzebeth. Les Français souffrent face aux champions du monde en titre et s'inclinent sur une marge infime (28-29). Meurtris, les supporters français repensent alors au coup de théâtre de la 22e minute de jeu : après l'essai de Mauvaka, Thomas Ramos a la charge, comme d'habitude, de tenter la transformation, sur le coin droit du terrain. Mais l'arrière du Stade toulousain est contré par... Cheslin Kolbe ! L'ailier supersonique a sprinté dès le début de la course d'élan de son ancien coéquipier et a levé les mains tel un voltigeur de talent, pour empêcher Ramos de marquer deux points... qui auraient suffi à la France pour l'emporter une heure plus tard.

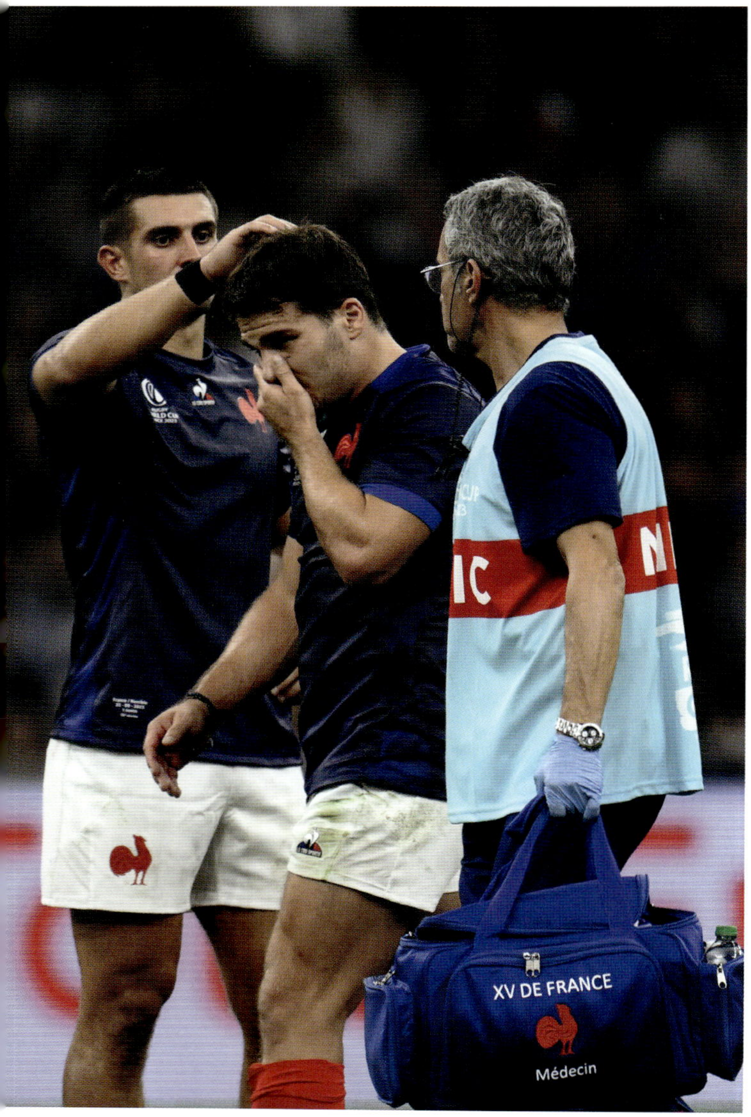

Du chagrin au rêve olympique

Éliminés dès les quarts de finale de « leur » coupe du monde, alors qu'ils avaient tout mis en œuvre pour offrir enfin à la France, à domicile, son premier trophée Webb-Ellis, les joueurs sont marqués au fer. Le 15 octobre est une date noire dans l'histoire du rugby français. Yeux rougis, visage poupin inconsolable, Antoine Dupont a quitté le Stade de France dans les bras de sa mère.

Le Pyrénéen retrouvera vite de nouveaux défis. Avec Toulouse – c'est l'objet des prochains chapitres – mais aussi avec l'équipe de France olympique. En effet, Dupont a été sélectionné par les responsables de l'équipe de France de rugby à 7 et dispute plusieurs tournois de préparation dans la saison, en vue de disputer les JO sous le maillot bleu. Une incongruité qui dit beaucoup de l'empreinte posée par Dupont sur le rugby français. Le meilleur joueur du monde de l'année 2021 inscrit son premier essai le jour de sa première titularisation, à l'hiver 2024. En demi-finale du tournoi de Vancouver, il qualifie les Bleus d'un essai après la sirène, puis est élu dans l'équipe type du tournoi, après la médaille de bronze collective. Pendant qu'Antoine Dupont brille dans les grands espaces du « 7 », ses coéquipiers bleus se noient parmi la concurrence européenne du rugby à 15, orphelins de leur capitaine. Battus par l'Irlande (17-38) malgré les coups de pied de Ramos, puis ridiculisés par l'Italie (13-13) à cause d'un essai du Toulousain Ange Capuozzo en fin de match, les Bleus se reprennent toutefois dans la seconde partie du tournoi : victoire à Cardiff (24-45), succès contre l'Angleterre (33-31). À chaque fois, on retrouve quatre Toulousains dans le XV tricolore – Baille, Marchand, Flament et Ramos – et deux autres sur le banc – Roumat et Mauvaka.

Au mois de mars, juste avant l'épilogue de la saison de coupe d'Europe avec Toulouse, Antoine Dupont dispute le tournoi de Los Angeles avec l'équipe de France olympique. Auteur de plusieurs essais, dont un raid de 60 mètres, Dupont contribue à la première victoire française sur le circuit mondial depuis 2005. Mieux, en juin, entre la finale de coupe d'Europe et la phase finale de Top 14, Dupont devient champion du monde à 7 sous le maillot bleu. Grattages, raffuts, offloads, essais... Dupont est dans tous les bons coups !

Les étrangers du Stade toulousain

Sept autres joueurs ont disputé la coupe du monde :

Santiago Chocobares et Juan Cruz Mallia avec l'Argentine (4e)

Richie Arnold avec l'Australie (phase de poules)

Jack Willis avec l'Angleterre (3e)

Blair Kinghorn avec l'Écosse (phase de poules – même si l'arrière n'appartenait pas encore au Stade toulousain au moment du Mondial)

Pita Ahki avec les Tonga (phase de poules)

Nepo Laulala avec la Nouvelle-Zélande (finaliste – le pilier est entré en jeu à la 66e minute de la finale).

Chapitre IV

ANTOINE DUPONT champion olympique !

Non content d'avoir été sacré champion de France et champion d'Europe avec Toulouse, Antoine Dupont a aussi brillé au sein de l'équipe de France de rugby à 7 en remportant une médaille d'or historique aux Jeux olympiques de Paris 2024.

« Quand je suis arrivé le premier jour à Marcoussis, je me demandais un peu ce que je faisais là, si mon choix était le bon, de ne pas pouvoir faire le Tournoi. Ça a été beaucoup de choix qu'il a fallu faire en peu de temps, beaucoup d'engagements, beaucoup de sacrifices et d'efforts faits avec cette équipe, qui me l'a rendu si bien. » Quelques minutes après avoir conquis une médaille d'or inédite dans le rugby français, Antoine Dupont jette un coup d'œil en arrière, en repensant au jour où il a validé sa décision de rejoindre l'équipe de France à 7 de Jérôme Daret. À l'époque, beaucoup questionnaient son choix, et le début de tournoi catastrophique du XV de France, sans lui, avait relancé le débat en février. Au soir de la première médaille d'or de la délégation française aux JO de Paris, on ne trouve plus personne pour regretter ce virage.

Le tout, dans une atmosphère indescriptible, dans l'enceinte dionysienne que Dupont connaît par cœur après tant de finales de Top 14 et tant de rencontres internationales à quinze. « J'ai rarement entendu une ambiance comme ça au Stade de France. Sur les trois jours de tournoi, les gens ont répondu présents et ils faisaient vraiment du bruit, ils avaient envie de nous soutenir et nous, on avait envie de leur rendre, de rendre fiers tous les Français. »

Pourtant, le début de tournoi olympique a été poussif, avec un match nul qui a pris tout le monde à froid (12-12 contre les États-Unis, Antoine Dupont titulaire et muet), le 24 juillet à 16 h 30. Quelques heures plus tard, les sept Bleus sont de retour sur la pelouse de Saint-Denis pour décrocher leur première victoire, décisive pour sortir de la poule : 19-12 contre l'Uruguay, avec un essai de Dupont – encore titulaire – à la 9e minute, le deuxième de l'équipe de France. Un succès qui assure déjà la qualification tricolore, car avec cinq points, la France est certaine de faire partie des « meilleurs troisièmes » des poules.

Dupont, titulaire puis « finisseur »

Cependant, l'objectif est d'aller chercher l'une des deux premières places de la poule pour s'offrir un meilleur tirage. Le lendemain, la France affronte la redoutable équipe des îles Fidji, championne olympique en titre. Malgré un score de 5-5 à la pause, les Bleus d'Antoine Dupont – remplaçant – ne créent pas la surprise et s'inclinent (19-12). Néanmoins, l'écart au score étant très raisonnable, et comme les États-Unis ont « seulement » battu l'Uruguay 33 à 17, les Français restent devant les Américains à la différence de points, et terminent donc la première phase en deuxième position, derrière les Fidjiens.

Comme tout va très vite en rugby à 7, les quarts de finale se déroulent le soir même. La France affronte l'Argentine. Comme face aux Fidji, la star toulousaine démarre la rencontre sur le banc. Une sanction ? Évidemment pas. Dans

un sport très physique et avec infiniment moins de temps morts qu'à quinze, les « finisseurs » ou « impact-players » sont encore plus importants, et le sélectionneur national mise sur la vitesse et le coup de rein de Dupont pour faire la différence en fin de match. Dominateurs en première période grâce à Andy Timo et Aaron Grandidier (21-0), les tricolores se font peur en laissant trop d'espace aux Argentins, qui inscrivent deux essais et reviennent à 21-14. Le temps presse. Et comme à Toulouse, quand le collectif est en difficulté, Antoine Dupont surgit de nulle part avec un exploit individuel – en l'occurrence, un joli numéro de slalom – pour délivrer ses six coéquipiers et les 80 000 spectateurs. Essai ! Et victoire 26-14. La France file en demie. Durant cette folle soirée au Stade de France, l'Afrique du Sud (14-7 face à la Nouvelle-Zélande), les îles Fidji (19-15 contre l'Irlande) et l'Australie (18-0 devant les États-Unis) passent aussi au tour suivant, programmé au lendemain de la cérémonie d'ouverture des JO, dès 15 h 30.

Chercheur d'or

Huit mois après la coupe du monde de rugby à 15, le sort réserve une belle revanche à Antoine Dupont. Dans une enceinte qu'il avait quittée en larmes après la terrible déconvenue des quarts de finale du Mondial, le Gersois retrouve les Springboks, que l'on appelle à 7 les « Blitzboks » (Blitz signifiant éclair), avec la farouche volonté de « venger » tous ses coéquipiers qui le soutiennent devant leur télévision. Pour les quatre équipes encore en compétition, c'est une journée marathon qui débute, car les deux finales (celle pour le bronze, et celle pour l'or) sont prévues en début de soirée.

Face à l'Afrique du Sud, Antoine Dupont est à nouveau remplaçant. « C'est toujours plus compliqué d'être sur le banc dans ces matches à tension, car on se sent impuissants, on ne peut rien faire, analyse le Gersois sur France TV. C'est plus stressant d'être à côté que d'être dedans. Mais ça fait partie d'un groupe. » Qu'il se rassure, le champion d'Europe va avoir l'occasion de tailler l'or qu'il rêve de revêtir. À la pause, le tableau d'affichage indique « 0-0 », et ce n'est pas parce qu'un bénévole s'est endormi. Pire, en seconde période, Tristan Leyds donne l'avantage aux Blitzboks. Sorti du banc, Dupont est encore décisif, en jouant vite une pénalité qui envoie Rebbadj dans l'en-but. Le Martégal est l'homme du match, puisqu'il aplatit deux essais et passe deux transformations. Avec une victoire 19-5, la France est qualifiée en finale et donc, assurée de récolter une médaille. Déjà, tous les sites internet sportifs l'écrivent : le Toulousain, Antoine Dupont, a réussi son pari, en jouant à sept pour la première fois de sa vie.

Finale de rêve

Quelques instants plus tard, les doubles champions olympiques fidjiens surclassent l'Australie (31-7), malgré une première période accrochée.

Les spectateurs du Stade de France vont donc assister à une finale de rêve : France – îles Fidji.

En lever de rideau, l'Afrique du Sud et l'Australie s'affrontent dans un classique archi-revu du rugby mondial, et ça vaut le détour : sept essais inscrits ! Alors que les Wallabies étaient en avance à la mi-temps, les Boks remportent la petite finale. Joli bilan 2023-2024 pour le rugby sud-africain : un titre de champion du monde et une médaille olympique.

Pour la France, il s'agit de remporter un premier tournoi depuis celui des Six Nations, en 2022.

Pour les îles Fidji, l'objectif est de conserver pour la troisième fois la couronne olympique.

Avec un Antoine Dupont toujours sur le banc, la stratégie de Jérôme Daret est la suivante : tenir bon face au talent des Guerriers du Pacifique, et prendre l'ascendant en fin de partie, grâce au talent du Toulousain. Comme les grands joueurs se révèlent toujours lors des grands rendez-vous, Dupont réalise une finale magique. Auteur d'une percée légendaire qui aboutit à l'essai d'Aaron Grandidier, il s'offre le luxe de signer un doublé en fin de match, écœurant les plus grands spécialistes d'une discipline qu'il découvre à peine.

Héros du Stade de France, Antoine Dupont offre ainsi à un pays tout entier la première médaille d'or et la première émotion d'une quinzaine enchantée. « C'était magnifique, salue François Cros, son coéquipier toulousain. Très beau à voir, surtout avec ce scénario qui fait que c'était la première équipe française en finale dans ces JO. Au fur et à mesure du tournoi, ils se sont libérés et ont joué leur rugby. La finale contre les Fidji, c'était fou, on avait tous envie d'être à leur place. C'est incroyable pour eux et pour la France, et pour Antoine d'avoir réussi ce pari d'aller chercher une médaille d'or à sept. »

Après le titre, Antoine Dupont et ses coéquipiers français sont accueillis comme des stars au Club France, puis s'envolent pour Ibiza. On y repère d'ailleurs le demi de mêlée aux platines avec un chef d'orchestre d'un autre genre... Martin Solveig !

Après une fiesta monumentale, Antoine Dupont est de retour à Paris. En effet, alors que le quadruple champion olympique de natation, Léon Marchand, est annoncé, c'est finalement le rugbyman qui est choisi comme porte-drapeau de la délégation française, avec Pauline Ferrand-Prévot, médaillée d'or en VTT. « Quel honneur et quel bonheur, conclut Dupont. Merci Paris 2024 d'avoir été une telle fête, c'était fou ! Je ne t'oublierai jamais. »

Chapitre V

TOP 14 – les absents n'ont pas toujours tort

Sans sa cohorte d'internationaux retenus pour la coupe du monde, le Stade toulousain a connu un début d'exercice compliqué, malgré la profondeur de son banc et le talent de ses jeunes.

Au cœur de l'été 2023, précisément le 18 août, les touristes en vacances au Pays basque sont gâtés : le Stade toulousain est en vadrouille ! Gare aux « rugbyx » mal informés qui s'attendent à voir Antoine Dupont, Thomas Ramos ou Romain Ntamack. Les premiers cités sont en pleine préparation de la coupe du monde, le dernier est à l'hôpital après sa grave blessure au genou. Évidemment, on n'osera pas écrire que le Stade est « décimé », tant l'effectif est large et bâti en connaissance de cause, sans commune mesure avec les autres écuries du Top 14. Mais tout de même, pour ce début de saison très estival, Toulouse affiche un quinze tout à fait inédit, avec des jeunes joueurs (Graou, Germain, Théo Ntamack…) encadrés par l'ex-international Sofiane Guitoune, qui entame sa dernière saison professionnelle. « Tout le monde est conscient que la saison va être découpée en plusieurs blocs, analyse dans *Rugbyrama* Virgil Lacombe, l'entraîneur de la mêlée. Ici, la plus grosse difficulté, ça va être de trouver des leaders qui vont devoir s'affirmer rapidement et tirer les autres vers le haut. » Alban Placines est le premier capitaine de la saison.

Finalement, Antoine Dupont est bien présent… dans les tribunes, pour soutenir ses partenaires, en compagnie d'Anthony Jelonch.

Trois trentenaires au cœur de la pouponnière

Le moins qu'on puisse dire, c'est que l'absence des internationaux ne passe pas inaperçue. Toulouse s'incline lourdement (26-7), accrochant seulement sept petits points dans sa besace, avec l'essai de Paul Graou. « On n'a pas d'excuse, regrette Alexandre Roumat. On leur a donné 10 points sur la première période. Aujourd'hui, on a été pris sur des détails et l'indiscipline. Il faudra rectifier le tir la semaine prochaine. On a utilisé beaucoup d'énergie pour pas grand-chose. » (Canal+). Et Camille Lopez a puni les Stadistes, fort de son réalisme (2 drops, 2 pénalités, 2 transformations).

Le week-end suivant face à Montpellier, pour la première de la saison à Ernest-Wallon, on compte seulement trois trentenaires au coup d'envoi. Ce n'est plus le Stade toulousain, c'est la pouponnière de Haute-Garonne. Dans le quinze titulaire, la moitié des joueurs a moins de 25 ans. Vexés de lire dans toute la presse qu'ils ne sont pas au niveau des titulaires habituels, les rookies corrigent le tir dès la deuxième journée, en battant le MHR avec le bonus offensif (38-13). Guitoune a montré la voie aux jeunes en signant un doublé et le public s'est régalé. « J'espère maintenant que les joueurs ont pris conscience de leur potentiel lorsqu'ils se lancent dans la bataille », sourit Clément Poitrenaud, l'entraîneur des trois quarts.

Lors de la troisième journée, Toulouse est en déplacement dans l'Ain, sur la pelouse synthétique du promu, Oyonnax. Grâce à un doublé de Paul Graou – le remplaçant de Dupont –, Toulouse s'impose de justesse (21-27). Delpy et Castro Ferreira s'ajoutent à la liste des

jeunes Toulousains qui débutent en professionnel. Après ces trois premières journées estivales, c'est la trêve « Coupe du monde ». Au soir du 2 septembre, Toulouse est cinquième de Top 14.

Mauvaka, Ahki et Capuozzo, les hommes pressés

Pendant la trêve, le Stade dispute deux matches amicaux : l'un face à la sélection des États-Unis, à l'America First Field de Salt Lake City (défaite 24-21) et l'autre, plus conventionnel, face au CA Brive, au stade Pierre-Villepreux (succès 82 à 7).

Le 28 octobre 2023, l'Afrique du Sud remporte la coupe du monde face à la Nouvelle-Zélande du Toulousain Laulala.

Dès le lendemain, le Top 14 reprend ses droits. Pas de blues de fin de compétition pour les passionnés de rugby. Après un mois et demi sans championnat, c'est presque un nouveau début de saison qu'il faut gérer pour les organismes et pour le staff. Trois mondialistes pressés de rejouer sont déjà de retour, sur le banc de touche : le Français Mauvaka, le Tongien Ahki et l'Italien Capuozzo. Ce dernier inscrit l'essai de la victoire dans le dernier quart d'heure (29-22).

Les internationaux reviennent au fil de l'automne, selon les états de forme physique et mentaux de chacun. Ugo Mola insiste sur le côté « à la carte » de la reprise de ses vedettes : « Chaque cas va être différent, car les dix-sept qui sont partis ont tous vécu une Coupe du monde différente, avec chacun leur prisme. Peato avait absolument besoin de revenir, Thomas Ramos passe son temps à frapper à la porte de mon bureau pour savoir s'il peut s'entraîner ou pas, d'autres sont partis se mettre le cul au soleil. Il y a un peu de tout, et il faut accepter que chacun puisse le vivre comme il peut. Nous essayons d'être une bulle où les internationaux peuvent se ressourcer, dans un climat de confiance, où ils n'ont pas besoin de prouver quoi que ce soit. On sait qui ils sont, ils savent qui nous sommes. Dans tous les cas, il faut arriver à être orienté sur son activité, sur le plaisir qu'on doit prendre à être un professionnel de rugby. Il faut qu'ils s'éclatent, qu'ils retrouvent de la fraîcheur mentale. »

Aldegheri et Jaminet effectuent leur retour le 5 novembre à Pau. Ce jour-là, le Stade concède déjà sa deuxième défaite de la saison (13-9). Coïncidence ou pas, deux jours plus tard, Antoine Dupont est de retour à l'entraînement. Après des vacances à Bali, le capitaine apparaît sans casque –, la fracture maxillo-zygomatique est derrière lui. Le 11 novembre, Dupont est déjà sur le terrain ! L'international entre en jeu face à Perpignan, et bien sûr, Toulouse retrouve le goût de la victoire (43-34).

Dès la semaine suivante, Antoine Dupont retrouve une place de titulaire, au poste inhabituel de demi d'ouverture.

La fin d'année 2023 est contrastée pour le Stade toulousain, entre succès à domicile (Clermont, Toulon) et défaites à l'extérieur (Castres, Paris, La Rochelle). Les Rouge & Noir oscillent entre la sixième et la septième place du championnat.

Place à l'Europe !

Chapitre VI

PHASE DE POULES : *carton plein !*

En décembre et en janvier, le Stade toulousain – invaincu – a survolé son groupe.

Comme la plupart des compétitions au format illisible, et ce dans tous les sports du monde, la Champions Cup n'échappe pas à la règle : elle change tout le temps de formule ! En ce début de saison 2023-2024, les clubs doivent digérer une nouvelle organisation. Exit les deux grandes poules de douze équipes. Ce système était plus qu'étonnant, car tous les clubs ne se rencontraient pas – loin de là – mais un classement était tout de même établi, ce qui n'était pas l'idéal en termes d'équité sportive. Désormais, les vingt-quatre qualifiés sont répartis dans quatre poules. Celles-ci sont composées de six clubs chacune – jusqu'ici, le calcul est simple. Mais les instances européennes, si elles ont simplifié, ont quand même réservé quelques complexités : en effet, chaque équipe n'affronte pas les cinq autres membres de leur poule, mais uniquement quatre – le match exempté étant assez logiquement celui contre le club issu du même championnat. Ainsi, Toulouse n'affronte pas le Racing 92. Bath ne rencontre pas les Harlequins. Les franchises irlandaises ne défient pas les galloises, écossaises ou sud-africaines, car toutes issues de l'URC (United Rugby Championship). C'est en effet la seconde information du règlement 2023-2024 : les Sud-Africains sont toujours présents dans cette « coupe d'Europe », avec des guillemets bien épais.

Sont qualifiés pour la Champions Cup : les huit premiers du Top 14 ; les huit premiers du Premiership (insolvables financièrement, les London Irish sont suppléés par Bristol) ; et les huit premiers de l'URC.

Tête de série (au même titre que La Rochelle, les Saracens et le Munster), le champion de France toulousain est envoyé dans la poule B avec les Harlequins, Bath, Cardiff, la province d'Ulster et le Racing 92. Quatre rencontres sont au programme en match sec (pas d'aller-retour), et un classement est établi au mois de janvier. Les quatre premiers de chaque poule sont qualifiés pour les huitièmes de finale, le cinquième étant reversé en huitième de finale du Challenge européen et le sixième éliminé.

Jelonch, le *running back* gersois (Stade toulousain 52-7 Cardiff)

Le 9 décembre 2023, le Stade toulousain lance sa coupe d'Europe face au Cardiff Rugby. C'est un jour de premières : Blair Kinghorn (titulaire à l'arrière) et Nepo Laulala (remplaçant) inaugurent leur maillot rouge et noir. L'Écossais et le finaliste néo-zélandais de la coupe du monde découvrent l'ambiance du stade Ernest-Wallon. Annoncé titulaire, Aldegheri se blesse durant l'échauffement. Dupont et Ramos composent

la charnière. La composition d'équipe d'Ugo Mola permet d'affirmer les ambitions européennes élevées du Stade toulousain. Alors que le XV a beaucoup tourné depuis le début de la saison, les meilleurs joueurs à leur poste (Baille, Mauvaka, Meafou, Flament, Jelonch…) sont titulaires. Ce match est une véritable balade de santé. Sous une forte pluie, les Toulousains font voler en éclat la défense galloise et inscrivent sept essais (31-7 à la mi-temps, 52-7 à la fin du match). Kinghorn soigne impeccablement son entrée, avec un doublé. Matthis Lebel aplatit son premier essai de la campagne européenne. Anthony Jelonch, lui, signe une réalisation qui marquera les esprits tout au long de la saison. Son essai sera élu par les fans de l'Europe entière comme le plus bel essai de la campagne 2023-2024 de la Champions Cup. Probablement un vote de spécialistes, car cet essai n'est pas le plus spectaculaire pour le grand public, parce qu'il ne s'agit pas d'un jeu de trois quarts, avec course et succession de passes. Juste avant la pause, Toulouse joue à la main une pénalité à dix mètres de la ligne d'en-but galloise. Au terme d'une combinaison ultra-rapide digne des actions de football américain, Peato Mauvaka feinte la passe comme un quarterback et sert Anthony Jelonch. Lancé, celui qu'on nommera le *running back* gersois plonge rageusement dans l'en-but. On est loin du « jeu de mains, jeu de toulousains », mais cela n'empêche pas les initiés d'applaudir des deux mains, ni de constater la redoutable efficacité pyrénéenne dans ce premier match.

Toulouse prépare la trêve des confiseurs au Stoop (Harlequins 19-47 Stade toulousain)

À une semaine de Noël, les hommes d'Ugo Mola affrontent le club anglais des Harlequins, au Twickenham Stoop (l'autre stade de la banlieue du sud-ouest de Londres, à ne pas confondre avec l'immense Twickenham qui abrite les exploits de l'équipe d'Angleterre). Nous vous dévoilons ici l'un des secrets du Stade toulousain : sa profondeur de banc incommensurable. Quand des noms ronflants sont absents, on les remplace par d'autres patronymes prestigieux et cela passe inaperçu. À Londres, Aldegheri et Flament sont absents : ils sont suppléés par Nepo Laulala et François Cros. Ugo Mola est un entraîneur heureux... Contrairement à la semaine précédente, l'opposition est sérieuse. Le vestiaire déborde d'internationaux anglais d'hier, d'aujourd'hui et de demain : Joe Marler, Danny Care, Joe Launchbury, Jack Walker, Alex Dombrandt, Marcus Smith... Après trois essais de Mauvaka, Barassi et Delibes, Toulouse mène 21-12 à la mi-temps. Au retour des vestiaires, la défense anglaise craquelle de toutes parts. « L'appui du vent en seconde période nous a aidés », analyse Dupont au micro de France 2. Barassi signe le doublé, Lebel son deuxième essai en deux rencontres, Neti le premier de sa carrière, et Ramos le dernier du match. Tout cela additionné, cela donne sept réalisations, comme la semaine précédente. Toulouse l'emporte 47 à 19, avec un second bonus offensif consécutif.

Sept essais, le tarif toulousain (Ulster 24-48 Stade toulousain)

Le 13 janvier, Ugo Mola aligne encore son équipe la plus forte pour défier les Irlandais de l'Ulster. Au Kingspan Stadium de Belfast, le pack d'avants toulousains a de quoi inquiéter n'importe quel adversaire – même une sélection nationale : Baille, Mauvaka, Aldegheri – Arnold, Meafou – Cros, Jelonch, Roumat. Une composition qui donne la berlue ! En l'absence de Romain Ntamack, toujours en convalescence pour plusieurs mois, la charnière Dupont-Ramos enchaîne sa troisième titularisation consécutive en coupe d'Europe. En face, l'Ulster ne manque pas d'internationaux irlandais (O'Toole, Stewart, Henderson, Stockdale, McCloskey...) et aligne aussi son champion du monde 2019, le Sud-Africain Steven Kitshoff. Forcément, les joueurs de Belfast sont informés du « tarif » imposé par le Stade toulousain cette saison en Champions Cup : sept essais, pas un de plus, pas un de moins. Cette troisième journée ne dépareille pas. Du premier essai de Matthis Lebel à la 10e minute (son troisième en trois rencontres, offert par une passe au pied laser de Thomas Ramos) à celui d'Emmanuel Meafou après la sirène, les Rouge & Noir ont encore écrasé la concurrence, pas faible mais trop affaiblie par la domination française. Avec un doublé de Dupont, un doublé de Mauvaka et un essai de Roumat, Toulouse inscrit encore sept essais (victoire 48-24). 21 essais en 3 matches ! Quinze points pris depuis le lancement de la phase de poules, avec trois victoires et trois bonus offensifs. Avant même l'ultime match, Toulouse est qualifié pour les huitièmes de finale.

Une victoire pour le leadership (Stade toulousain 31-19 Bath)

Déjà qualifié, Toulouse ne joue cependant pas pour du beurre. La première place de la poule n'est pas une carotte de poudre magique. Elle constitue un véritable avantage pour la suite de la compétition. Le règlement stipule en effet que le premier de chaque groupe jouera les matches à élimination directement à domicile. Et on a vu, la saison passée, à quel point cet avantage a bénéficié au Stade rochelais, poussé par son public de Marcel-Deflandre, notamment face aux Saracens. Sans avoir autant impressionné que le Stade toulousain, Bath a tout de même assuré un carton plein avec trois victoires et trois bonus offensifs lors des trois premières journées. La semaine précédente, les Anglais ont battu le Racing (29-25), avec des essais de Du Toit, Barbeary, Cokanasiga et Muir.

Ugo Mola ne change pas sa stratégie pro-européenne, en alignant le même quinze qu'à Belfast, avec un seul changement : Jack Willis à la place d'Alexandre Roumat. Bath résiste mieux

que les autres. À la pause, le score est de 19-19. Mais le travail de sape des Français finit par payer. Dans le dernier quart d'heure, Juan Cruz Mallia et Thomas Ramos assurent une quatrième victoire bonifiée au Stade toulousain (31-19, avec « seulement » cinq essais pour les Rouge & Noir).

Toulouse termine logiquement en tête de sa poule. C'est ce qu'on appelle une entrée en matière parfaite.

Quatre autres clubs tricolores obtiennent leur ticket pour les huitièmes : le Racing (4e de la poule B), Bordeaux-Bègles (1er de la poule A), Lyon (3e de la poule A) et le Stade rochelais (3e de la poule C). Bayonne (1 victoire et un nul), Toulon (4 défaites) et le Stade français (4 défaites) sont éliminés.

De toutes les équipes du plateau, le Stade toulousain est la seule à avoir marqué vingt points lors de la phase de poules. Si l'on mélange les quatre groupes, Toulouse devance le Leinster, Northampton et Bordeaux-Bègles. Parmi les qualifiés, on trouve cinq Français, six Anglais (Northampton, Harlequins, Bath, Exeter, Saracens, Leicester), deux Sud-Africains (Bulls, Stormers), deux Irlandais (Leinster, Munster) et un Écossais (Glasgow).

Chapitre VII

PORTRAIT – Ugo Mola, entraîneur

Sa troisième coupe d'Europe personnelle

Ancien arrière du Stade toulousain, Ugo Mola s'est imposé au poste de manager, avec difficultés, puis un franc succès.

Il n'est jamais facile de récupérer les crampons d'un monument. Demandez donc à ceux qui ont pris la suite de Ferguson à Manchester, de Guy Roux à Auxerre ou de Boudjellal à Toulon. « Ce n'était pas évident de succéder à Guy Novès, confirme Jean-Luc Moudenc, le maire de Toulouse, qui a suivi de près le dossier. Novès avait pris une telle dimension, il était devenu une légende. Ugo Mola est arrivé après lui et il s'est rapidement imposé. Son management a été reconnu. Sa pédagogie n'est pas forcément la même que celle de Guy, mais il s'est affirmé très vite. »

« Ugo, qui est un garçon intelligent, m'a eu comme coach pendant quelques années et comme je me suis inspiré de la façon de faire de Claude Labatut ou Robert Bru, il a probablement retenu quelques-uns de mes trucs, expliquait Novès en 2022 (*Midi Olympique*). Mais nous sommes vraiment différents, tous les deux. »

Avant d'être le successeur de Maître Novès, Ugo Mola a connu une première vie de joueur, remplie de succès avec le Stade toulousain. Au poste d'arrière, le natif de Sainte-Foy-la-Grande, en Gironde, a été formé à Blagnac, avant de rejoindre le Stade à l'âge de 17 ans. C'est en Haute-Garonne qu'il remplit son armoire à trophées, vivant l'âge d'or toulousain : trois boucliers de Brennus consécutifs (1994, 1995, 1996), deux

Challenges Yves-du-Manoir (1993, 1995), et bien sûr, la première coupe d'Europe de l'histoire de ce jeu, en 1996, à Cardiff.

Contrairement à ce que l'on pourrait penser, Ugo Mola n'a jamais porté le maillot bleu en tant que joueur du Stade toulousain. En effet, c'est après son départ à Dax, en 1996, que Jean-Claude Skrela le convoque en équipe de France. Mola honore sa première cape le 15 mars 1997, contre l'Écosse (47-20). Auparavant, l'arrière-ailier girondin avait conduit l'US Dax à la première place de sa poule de coupe d'Europe – une véritable performance, durant laquelle Mola inscrit quatre essais – puis retrouvé son Stade toulousain en quart de finale. Durant ce match, disputé dans les Landes, Ugo Mola signe un doublé, mais n'empêche pas la victoire de ses anciens coéquipiers (18-26). Après une saison à Dax, Mola déménage dans le Tarn et s'installe au Castres Olympique, où il restera jusqu'à la fin de sa carrière. Sélectionné pour la coupe du monde de 1999, il entre en jeu lors de la demi-finale mythique contre la Nouvelle-Zélande, et lors de la finale contre l'Australie. Cette finale perdue représente sa douzième et dernière sélection.

Sa belle relation avec la coupe d'Europe se poursuit à Castres, puisqu'il termine meilleur marqueur de la campagne 2001-2002 (7 essais), après la demi-finale perdue face au Munster. L'année suivante, il remporte le Bouclier européen.

Une fois sa carrière achevée, Ugo Mola ne perd pas un instant et s'engouffre dans le métier d'entraîneur : Mazamet (Fédérale 2), Castres (arrières), Brive (arrières puis entraîneur en chef), Albi (Pro D2, manager général).

Forcément, quand Guy Novès est annoncé en équipe de France, le nom d'Ugo Mola circule pour le remplacer à Toulouse. Le défi est immense : Guy Novès entraînait le Stade depuis 22 ans et a remporté dix titres de champion de France et quatre coupes d'Europe. Comme on ne remplace pas Novès comme ça, la direction du club décide de nommer en même temps Fabien Pelous en tant que directeur sportif. Le staff, lui, reste le même, et c'est Guy Novès lui-même qui a eu l'élégance d'introniser son successeur. Mais les débuts ne sont pas idéaux. Élimination dès la phase de poules de coupe d'Europe, et pire, lors de la deuxième saison, Toulouse termine douzième du Top 14 – une place de premier non-relégable inhabituelle dans la Ville Rose. Cela n'empêche pas le Stade de maintenir sa confiance à Ugo Mola qui, à force de travail et de recrutement intelligent (Antoine Dupont, Cheslin Kolbe, Charlie Faumuina...), obtient des résultats toujours plus probants : trois titres de champion de France (2019, 2021, 2023) et deux coupes d'Europe (2021, 2024). Il devient d'ailleurs le deuxième entraîneur à remporter la Champions Cup après l'avoir déjà gagnée en tant que joueur, au même titre que Leo Cullen. En 2022, Ronan O'Gara le rejoindra dans ce club ultra fermé.

« Ugo Mola a réussi de façon exceptionnelle », analyse Thierry Dusautoir, qui jouait encore à Toulouse en 2015, au moment du changement d'entraîneur. « Il a repris une génération en fin de parcours – c'est la mienne, donc je peux en parler plus facilement. Il a réussi à recréer un état d'esprit. L'arrivée de Didier Lacroix (président) a également redonné de l'énergie à tout le club, en termes d'organisation. Ugo Mola a été excellent. Gagner le Brennus dès 2019, c'était déjà une grande performance. C'est vrai qu'il a sous ses ordres une génération exceptionnelle, mais le rôle du chef d'orchestre est primordial. »

Parmi les qualités d'Ugo Mola, on remarque – de l'extérieur – cette capacité à aimer ses joueurs, son groupe.

« C'est un garçon qui a une très grande finesse d'intelligence, analyse Jean-Luc Moudenc, supporter N°1 des Rouge & Noir. Il est proche des joueurs, très humain, accessible. » Ugo Mola n'hésite pas à répéter souvent son plaisir à entraîner sa génération dorée. En conférence de presse, après la finale remportée face au Leinster, on l'interroge sur les doutes potentiels de ses joueurs au cours du scénario rocambolesque du match : « Je ne suis pas certain que le doute soit une mauvaise chose. Douter, c'est la vie ! La différence, c'est sur les solutions que tu trouves face au doute. Cette génération a ce côté polymorphe de pouvoir répondre à pas mal de situations. »

Dans son vestiaire, Ugo Mola est décrit comme un manager « à l'écoute ». Après la coupe du monde 2023, la gestion humaine a été particulièrement importante, étant donné les blessures mentales et physiques ressenties par les uns ou les autres. « Ugo a tenu compte de nos envies, confirme François Cros. Par exemple, Peato Mauvaka a rejoué dans la foulée, car c'était sa volonté : il avait besoin d'être sur le terrain pour évacuer la frustration de l'élimination. D'autres ont pris plus de temps. Ugo Mola a tout fait pour gérer au mieux cette situation, et les résultats prouvent qu'il y est parvenu. On a tous pris le temps de digérer selon nos besoins, et d'évacuer notre déception pour être à 100 % avec le Stade toulousain. »

Avant la finale du Top 14, le président Lacroix ne tarissait pas d'éloges sur son ancien coéquipier : « Je ne suis pas objectif par rapport à Ugo, mais j'admire sa manière de gérer les joueurs, et le reste. Il a du caractère, la main ferme tout en instaurant un climat de collaboration. Son exigence est excessive, mais il sait partager, expliquer ses décisions et construire sur le long terme. » *(L'Équipe)*

Un long terme qui pourrait encore durer ?

Chapitre VIII

HUITIÈME DE FINALE – *Toulouse assomme le Racing*

Sans ménagement, le Stade toulousain a écrasé le Racing 92 en huitièmes de finale.

Pour les huitièmes de finale, le fonctionnement est limpide : la mieux classée des seize équipes affronte la moins bien classée, la deuxième reçoit l'avant-dernière, la troisième accueille l'antépénultième, et ainsi de suite…

Le 7 avril 2024, Toulouse est défié par le Racing 92.

Comme nous vous l'expliquions précédemment, les deux formations sont issues de la même poule, mais ne se sont pas rencontrées, en raison de la règle qui empêche deux clubs d'une même ligue de s'affronter en phase de groupe. Ce point de règlement disparaît à partir des matches à élimination directe. Dans la poule B, pendant que Toulouse cartonnait, le Racing a connu un hiver plus poussif : défaite à Nanterre contre les Harlequins (28-31), revers à Belfast (31-15), défaite à Bath (29-25) et une seule victoire contre Cardiff, lors de la dernière journée (48-26). Comment se qualifier avec une seule victoire ? En multipliant les points de bonus, défensifs ou offensifs.

Avec un tel parcours, Toulouse est l'archi-favori du huitième de finale, disputé à Ernest-Wallon. D'autant que les Toulousains ont déjà battu les Franciliens, lors de la treizième journée de Top 14 disputée en Île-de-France (20-27).

Ugo Mola aligne son équipe-type, avec Romain Ntamack au poste d'ouvreur. Particulièrement musclé du haut du corps après une longue rééducation, le fils d'Emile a effectué son retour in extremis, la semaine précédente, face

à la Section paloise. Après 25 minutes probantes dans une fin de match à haute intensité, le numéro 10 a convaincu le staff de lui offrir une place de titulaire pour la Champions Cup. « Je sais que je reviens d'une longue blessure, mais d'autres joueurs ont fait le travail, explique-t-il dans le *Midol*. Je ne reviens pas en voulant récupérer le maillot de titulaire tout de suite. Si le staff ne le sent pas, et si je dois être un suppléant sur les gros matches, je le serai. J'ai encore beaucoup de choses à retrouver. Le club est la priorité. » On apprécie l'humilité de Ntamack, mais la priorité du club, c'est Ntamack titulaire !

Face au roi des finales perdues

Antoine Dupont, qui retrouve à la fois son coéquipier et son poste de demi de mêlée, sourit à l'évocation de la douce senteur des matches décisifs, qui font vibrer les joueurs de sa trempe : « On s'entraîne toute la saison pour en arriver à ces matches qui comptent. Il commence à faire beau, le public est au rendez-vous. Ce parfum de phase finale, ça fait longtemps qu'on l'attend, c'est le premier. Même si on n'est qu'en huitièmes et qu'on est loin de nos objectifs, on sait que si on perd ce week-end, ça s'arrêtera. » Et pour un joueur comme

Dupont, qui jongle avec les objectifs comme un primeur avec ses pommes, il est inenvisageable de s'arrêter si tôt.

Si Toulouse revendique le record de victoires en coupe d'Europe (5), le Racing détient celui des finales perdues (3, en 2016, 2018 et 2020), à égalité avec Clermont, le Leinster et les Tigers de Leicester.

Quand on écoute le champion du monde Siya Kolisi, en conférence de presse, on devine la crainte du Racing : « Je dois apporter tout ce que je peux. Toulouse est une équipe incroyable. Ils ont fixé des standards élevés en Top 14, ils ont accompli tellement de choses ! Pour nous, c'est une opportunité parfaite pour voir ce que l'on vaut contre une telle équipe. Moi, je dois jouer le jeu qui est le mien, apporter ma motivation, être leader autant que je peux. »

Malheureusement, le duel à distance Dupont/Le Garrec n'aura pas lieu. Révélation du Tournoi des VI nations, le demi de mêlée du Racing a subi un important choc à la tête face à Clermont, et le protocole commotion l'empêche d'être présent à Toulouse. Un sacré coup dur pour les Racingmen, très dépendants de la vista de leur jeune leader (21 ans). « Nolann apporte tellement d'énergie, tellement de fluidité à notre jeu, confirme tristement Gaël Fickou (C+). On n'ira pas à Toulouse tête baissée, même si on sait qu'il faudra un grand Racing. »

Kolisi out, Mauvaka décisif

L'homme en charge de bâtir un grand Racing s'appelle désormais Stuart Lancaster. Depuis le retrait volontaire de Jacky Lorenzetti, Laurent Travers a quitté son poste d'entraîneur pour prendre la présidence de l'institution, et l'Anglais est le manager du Racing depuis le début de la saison, avec un staff composé de Frédéric Michalak, Joe Rokocoko et Dimitri Szarzewski. Lancaster connaît par cœur ce genre d'affiches, puisqu'il a remporté la coupe d'Europe en 2018, en tant qu'entraîneur du Leinster, dans le staff de Leo Cullen (et trois finales perdues en 2019, 2022 et 2023).

Entre le Racing et Toulouse, en coupe d'Europe, il y a un précédent : lors du quart de finale de 2019, le Stade s'était imposé à Nanterre (21-22), sur la pelouse synthétique du finaliste de l'édition précédente.

L'Écossais Kinghorn occupe le poste d'arrière.

Meilleure attaque de Champions Cup (26 essais), le Stade toulousain décoche sa première flèche au bout de cinq minutes de jeu : sur une touche à cinq mètres de la ligne d'en-but, Peato Mauvaka lance le ballon Arnold, sa tour de contrôle, et reçoit le ballon bien au chaud dans un ballon porté à montrer dans toutes les écoles de rugby (5-0, 6e).

Les coups durs s'enchaînent pour le Racing : l'essai que pense avoir marqué Max Spring n'a en réalité pas été aplati – il est annulé – et le champion du monde Siya Kolisi sort sur blessure, dès la 2e minute. À la demi-heure de jeu, les Toulousains initient une contre-attaque de 80 mètres conclue par l'inévitable Matthis Lebel. Indisciplinés, les Racingmen ont concédé six pénalités en première période, mais l'avance haut-garonnaise reste modeste : 10-0 à la pause.

Groggy

Au retour des vestiaires, l'équation est simple comme une pénalité entre les poteaux : si le Racing marque, le match sera relancé et l'issue incertaine. Si Toulouse frappe en premier, en revanche, la qualification s'éloignera pour les hommes du Plessis-Robinson. Après une fixation efficace de Pita Ahki, Antoine Dupont sert Paul Costes, lequel accroît l'écart (17-0, 56e). On retrouve le centre tongien à dix minutes de la fin, effaçant un plaquage de Clovis Le Bail (24-0, 79e). Le Racing va-t-il finir fanny ? Finalement, Eddy Ben Arous sauve l'honneur (24-7, 75e). Enfin, Alexandre Roumat alourdit le score, pour la forme (31-7, score final). Comme en phase de poules, les Stadistes ont survolé la concurrence. Les observateurs saluent la maîtrise totale du jeu toulousain, et l'intensité physique imposée à l'adversaire. Pourtant très en forme en Top 14, les Racingmen sont groggy.

« Le Racing était costaud, le combat était rude, réagit Julien Marchand. Il ne fallait rien lâcher. On va penser à nous et profiter un peu. On va se préparer pour retrouver une grosse équipe d'Exeter. Il faut rester à notre place et s'envoyer tous à fond. »

En quarts de finale, les Toulousains retrouveront donc les Anglais d'Exeter, tombeurs de Bath en huitièmes (21-15).

Deux autres clubs français se qualifient : l'Union Bordeaux-Bègles (45-12 contre les Saracens) et le Stade rochelais (22-21 au Cap, face aux Stormers). En revanche, l'aventure est terminée pour le LOU, sèchement battu par les Bulls de Pretoria (59-19). Les Harlequins, Northampton et le Leinster se qualifient également. Dans la lutte à distance qui concerne les trois favoris annoncés (La Rochelle, Leinster, Toulouse), le club rouge et noir semble être celui qui affiche le plus de facilités, et qui laisse le moins de plumes dans la bataille. Les Irlandais n'ont pas vraiment souffert non plus pour battre Leicester. En revanche, le Stade rochelais ne vit pas la romance de l'an 2023. Cette année, ses matches sont plus poussifs, le collectif moins huilé, et les deux déplacements en Afrique du Sud resteront un mauvais souvenir dans les organismes charentais. Il a fallu un miracle (transformation ratée des Stormers à la 80e minute) pour que La Rochelle se qualifie.

Le temps de récupération sera court... les quarts de finale sont programmés précisément six jours plus tard.

Chapitre IX

YANNICK NYANGA : « Le secret du Stade toulousain, c'est le choix des hommes »

Champion d'Europe et triple champion de France avec Toulouse, le joueur de troisième ligne a conservé un attachement fort pour les couleurs rouge et noir, qu'il a défendues pendant dix ans.

Où étiez-vous le samedi 25 mai 2024 et comment avez-vous vécu la finale de la coupe d'Europe ?

Yannick Nyanga : J'étais chez moi. Une finale de coupe d'Europe, cela fait partie des événements que l'on ne rate pas, et encore moins quand ça concerne un club français et un club que j'aime. Comme à mon habitude, j'ai regardé le match seul pour ne rien rater.

Cela vous a-t-il rappelé les émotions de votre titre européen en 2010 ?

Bien sûr, même si je trouve que cette coupe d'Europe 2024 a une saveur encore plus forte, car depuis Cardiff en 1996, c'est la première fois que Toulouse bat un club étranger en finale. En plus, face au Leinster, une sorte de bête noire ces dernières années.

Gagner contre un club français en coupe d'Europe, c'est différent ?

Oui, très clairement. Sinon, ça ressemble trop au championnat. D'année en année, on joue toujours contre le Stade français, le Racing, Clermont, Toulon... Un titre, c'est un titre, mais j'ai toujours préféré affronter des clubs étrangers en coupe d'Europe, pour me confronter aux meilleurs Anglais, aux meilleurs Irlandais.

Évoquez-vous toujours le titre de 2010 avec vos ex-coéquipiers ?

Cela peut nous arriver, mais ce ne sont pas les trophées qui comptent le plus quand la carrière est terminée. On retient les moments du quotidien, des anecdotes de vie, les matches marquants...

Quel est le secret du Stade toulousain pour maintenir son niveau de performance ?

Avant tout, c'est dans le choix des hommes qui portent le projet. Les dirigeants se trompent rarement quand il s'agit de nommer un staff, en s'appuyant toujours sur d'anciens joueurs qui connaissent le club. Ces hommes portent l'institution, le président, élu, ancien joueur, ancien entraîneur, ancien collaborateur. Il est le garant de l'identité et accompagné de son directeur sportif, ancien joueur lui aussi, ils réfléchissent à l'identité sportive et aux hommes qui vont la porter. Ensuite ils choisissent les hommes qui vont jouer ce jeu, mais la qualité de l'homme doit être à la hauteur de la qualité du joueur pour durer dans ce club. Le dernier en date, l'arrière-ailier écossais, Blair Kinghorn, a déjà une grande influence dans le jeu toulousain. Et il y a la formation qui sort des phénomènes. Ensuite il y a le jeu pratiqué : c'est la base sur laquelle tout le monde est d'accord. Le Stade toulousain en a d'ailleurs fait son « mantra » : « jouer nous fera toujours grandir. »

En conclusion : Le choix des hommes est primordial à tous les étages, mais le jeu n'est pas accessoire, c'est la base sur laquelle ils vont choisir les hommes.

Cette saison, le Stade toulousain a survolé la phase de poules de la coupe d'Europe (4 victoires, 4 bonus offensifs, 26 essais). Comment analysez-vous cette domination, tôt dans la saison ?

De l'extérieur, on s'aperçoit que la planification a été excellente. Le symbole, c'est la gestion d'Antoine Dupont. Sur toute la saison, Paul Graou a joué autant que lui, ce qui démontre la chance laissée à tout l'effectif. En témoignent les victoires à Clermont, Toulon et Montpellier avec une équipe remaniée. Le retour des internationaux après la coupe du monde a été bien géré. Mais ce n'est pas nouveau : chaque année, il y a une planification, chaque année, il y a une stratégie. Ugo Mola a construit quelque chose avec son staff et ses joueurs, et cette expérience est en train de payer.

Avez-vous été impressionné par le quart de finale face au Racing ?

Impressionné, non, car ce n'était pas le meilleur match des Toulousains. Mais ils l'ont bien géré, sans prendre de risques. Ils ont été suffisamment bons pour gagner.

Et que dire de la finale du Top 14 ?

J'étais content pour le Stade toulousain, mais presque peiné pour Bordeaux, car c'est rude d'encaisser presque soixante points. C'est une addition de plusieurs choses : l'UBB est arrivée fatiguée, avec des joueurs qui n'auraient pas dû jouer (Jalibert, Tameifuna), au bout d'une saison où il a fallu cravacher pour se qualifier. De son côté, le Stade toulousain avait terminé en tête de la phase régulière, avec une bonne gestion des doublons et de son effectif. D'ailleurs, les joueurs étaient presque « trop »

reposés, en demi-finale contre La Rochelle, qui était un match de reprise. Ce qui aurait pu coûter cher en demie a offert beaucoup de fraîcheur aux Toulousains pour la finale.

C'est le deuxième doublé en trois ans (2021, 2024). Jusqu'où peut aller cette génération ? Peut-elle devenir la plus titrée de l'histoire du club ?

Ces joueurs en ont les moyens, c'est certain. Cela ne dépend que d'eux. S'ils veulent encore gagner, ils gagneront. Cette génération est exceptionnelle, dans une dynamique très forte, avec une vraie profondeur de réservoir, y compris dans les catégories de jeunes qui sont toutes performantes. Cela augure d'un très bel avenir, cependant, le haut niveau est toujours fragile. Si vous perdez 1 % de performance, cela peut faire la différence. Mais le club est en avance sur toute la concurrence.

Comment analysez-vous le jeu des troisièmes lignes, et notamment François Cros, l'homme de l'ombre du Stade ?

Il est toujours là ! Je l'ai connu sur le terrain, lors de mes dernières années à Toulouse, alors qu'il était encore un jeune de troisième ligne. C'est une très belle personne, un joueur humble, intelligent. Il a des qualités incroyables de vaillance, d'intelligence, de jeu et de technique. Quel que soit son rôle sur le terrain, il livre toujours des performances de très haut niveau. Je remarque qu'il n'a pas toujours été le numéro un à son poste, mais ses prestations et sa régularité l'ont conduit à devenir un cadre du Stade toulousain et de l'équipe de France.

Le staff du Stade toulousain est exclusivement composé d'anciens joueurs du club. Après avoir entraîné les Espoirs du Racing 92, avez-vous inscrit dans votre plan de carrière le rêve de devenir entraîneur à Toulouse ?

Jouer au Stade toulousain, ou entraîner le Stade toulousain, ça ne se réclame pas. J'ai eu l'honneur de jouer pour ce club, mais je ne l'ai pas décidé : c'est le club qui est venu me chercher. Cela reste une période magnifique de ma vie. Les membres du staff en place font un boulot fantastique. Bien sûr, si le club a un jour besoin de moi, et que je suis libre, j'en serai ravi, mais beaucoup de paramètres sont en jeu.

Quels sont vos souvenirs d'Ernest-Wallon ?

En premier, je pense au public. J'avais reçu un accueil incroyable dans ce stade, dans cette ville. Toulouse respire le rugby. Sur toutes les voitures, on voit un autocollant du club. Moi, j'étais un fan avant d'être un joueur, alors c'est formidable d'avoir eu la chance de défendre les couleurs du club que je supportais. Mon deuxième souvenir, ce sont mes premiers jours ici. J'avais l'impression d'intégrer un énorme club de la dimension du Real Madrid ou du Barça. Là-bas, tout est mis à disposition pour la performance. J'étais aussi frappé par la simplicité et l'humilité de tout le monde, ce qui rendait ce club encore plus grand.

AIRBUS
GROUP
PEUGEOT
AIRFRANCE

Chapitre X

QUART DE FINALE – *Toulouse ridiculise Exeter*

Face au champion d'Europe 2020, les Stadistes proposent une nouvelle démonstration de leur supériorité.

Exeter : Club historique du rugby anglais, car fondé à la fin du XIXe siècle, en 1871, il n'en est pas moins un bastion récent du plus haut niveau, car les passionnés de rugby du Devon auront dû attendre l'année 2017 pour un premier titre de champion d'Angleterre. Toujours manager des Chiefs, Rob Baxter est l'architecte de cette équipe qui, en 2020, réalisait le doublé coupe d'Europe/Premiership. En finale, les joueurs battaient le Racing 92. Et en demi-finale… le Stade toulousain ! Une victoire 28-18 à Sandy Park, avec des essais des frères Simmonds et de Harry Williams. Côté toulousain, Alban Placines et Matthis Lebel avaient franchi la ligne. Depuis cette demi-finale perdue par les Rouge & Noir, l'ossature haut-garonnaise n'a pas changé : Ramos, Ahki, Dupont, Ntamack, Guitoune, Cros, Arnold, Marchand et Baille étaient tous titulaires. En revanche, la génération dorée d'Exeter, bâtie avec patience par Baxter, s'est éparpillée dans toute l'Europe – et notamment en Top 14 – à cause des soucis budgétaires des clubs anglais. Le meilleur marqueur d'essais Sam Simmonds est à Montpellier, son frère, Joe, le buteur, est à Pau ; Jack Nowell à La Rochelle, etc. « On jouera contre une équipe qu'on connaît moins, mais qui est très dense, qui met beaucoup d'intensité, qui est très difficile à arrêter une fois qu'elle a investi le camp adverse, analyse Dupont, bien renseigné. On va devoir s'adapter. Il faudra aussi qu'on soit capables de rivaliser sur la densité physique, parce que c'est un club qui met beaucoup d'intensité à ce niveau-là. » La spécialité d'Exeter est en effet la suivante : occupation au pied, mettre l'équipe adverse à la faute, pénaltouche dans les 22 mètres, groupé-pénétrant…

On ne compte plus le nombre d'essais que les joueurs du Devon ont inscrits sur ce modèle d'action. « Ce qui est sûr, en jouant Toulouse, c'est que ce sera un gros match, précise Rob Baxter. Je me souviens de la dernière fois qu'on les avait croisés. C'était ici, et on avait dû réaliser une superbe prestation pour se hisser en finale. »

200e match européen

La saison dernière, les Anglais avaient lourdement chuté en demi-finale, face au Stade rochelais (47-28).

Sur les chemins des quarts de finale, en 2024, les Chiefs ont écarté Bath (21-15), avec des essais de Vintcent, Fisilau et Roots. En phase de poules, Exeter a terminé deuxième du groupe B, derrière Northampton, avec trois succès (Toulon, Munster, Glasgow) et une défaite contre l'Aviron Bayonnais. On ne peut pas dire qu'Exeter soit dans la forme de sa vie. En Premiership, les partenaires d'Ollie Devoto et Henry Slade pointent à la sixième place, avec un bilan à peine équilibré (8 victoires, 6 défaites).

Thomas Ramos effectue son retour dans le groupe toulousain et s'assied sur le banc. À un élément près (Costes à la place de Barassi), le quinze de départ est inchangé. On ne bouleverse pas une équipe qui renverse tout sur son passage !

Ce quart de finale contre Exeter est le 200e match européen de la grande et belle histoire du Stade toulousain.

L'occasion de jeter un coup d'œil dans le rétroviseur, et cela ne vous étonnera pas d'apprendre que le bilan est spectaculairement positif : 138 victoires, 6 matches nuls et 55 défaites… Et 586 essais marqués ! Ce dernier chiffre, qui donne le tournis, nous permet de remarquer qu'à condition de tenir le rythme imposé depuis le début de la saison, Toulouse pourrait atteindre la barre symbolique des 600 essais en coupe d'Europe. En attendant, les supporters qui ont bonne mémoire ont quelques raisons de s'inquiéter, car une quinzaine d'années plus tôt, le centième match du Stade en coupe d'Europe avait accouché d'une insignifiante souris (3-3 contre Bath, sous la grêle et la pluie).

Le 14 avril 2024, dans un stade Ernest-Wallon survolté par l'enjeu et le poids de l'histoire, la météo est excellente. Après une première pénalité d'Henry Slade, le métronome d'Exeter, Romain Ntamack renoue avec le bonheur d'aplatir un essai. Après sa longue blessure, il s'agit seulement de son troisième match. Au départ de l'action, dans son camp, il lance Kinghorn, qui transmet à Ahki, lequel donne à la fusée Lebel, le long de la ligne. Ntamack suit l'action et hérite du ballon dans les 22 mètres (7-3, 8e). En première période, Exeter oppose une belle résistance. Peato Mauvaka est sanctionné par Chris Busby pour un en-avant volontaire (considéré comme un acte d'antijeu), ce qui oblige

Toulouse à jouer dix minutes en infériorité numérique. Les Chiefs en profitent pour reprendre l'avantage grâce à Ethan Roots (10-13, 20e). À la demi-heure de jeu, Jack Willis fait souffrir ses compatriotes et s'échappe côté fermé. L'Anglais passe en force et redonne la main aux Toulousains (17-16 à la mi-temps). Juste avant de se glisser dans le vestiaire, Cyril Baille analyse à chaud la première période au micro du diffuseur : « On s'y attendait, on savait que ça allait être un gros combat. Ils essaient de mettre énormément de rythme, on savait avec la chaleur que ça allait être compliqué. L'essentiel est d'être devant à la pause et d'attaquer plein fer en seconde mi-temps. »

Neuf minutes pour un calvaire

En début de seconde période, Henry Slade redonne l'avantage à Exeter (17-19, 43e). Les minutes passent, et une petite musique commence à s'installer à Ernest-Wallon : la fin de ce match va être irrespirable. Le chassé-croisé ne fait que commencer. Or, les Toulousains, qui ne l'entendent pas de cette oreille, vont tout faire basculer en neuf minutes. Neuf minutes, cela ne représente pas même 10 % du temps d'un match de rugby, et pourtant, cela va être suffisant pour plier l'affaire. Ces neuf minutes sont un calvaire pour les Anglais. Plein fer, comme l'annonçait Baille. Pendant neuf minutes, Toulouse est le nom d'un ouragan incontrôlable. Durant ce laps de temps, les joueurs d'Ugo Mola inscrivent quatre essais. Comme ils sont tous transformés par Kinghorn, puis Ramos, cela fait 28 points en moins de dix minutes ! De 19-17 pour Exeter, on est passé à 45-19 pour Toulouse. La loi du futur champion ?

C'est Blair Kinghorn qui a lancé les offensives en cassant trois plaquages de ses cousins anglais, avant de marquer le premier essai de la seconde période (24-19, 49e). Ahki aplatit entre les poteaux après une saisissante prise d'intervalle de Lebel (31-19, 53e). Kinghorn récolte ensuite les lauriers d'une action collective « à la toulousaine » (38-19, 56e). Après une percussion de Willis et une suite de passes impliquant notamment Mallia et Ramos, Antoine Dupont enfonce un couteau déjà bien planté dans le cœur de la défense du Devon (45-19, 59e).

Même si l'on n'éteint pas un feu d'artifice avec un gobelet d'eau froide, Henry Slade offre une passe aveugle à Wimbush pour donner l'illusion (45-26, 62e)... de courte durée puisque Romain Ntamack envoie une passe sautée pour Juan Cruz Mallia (52-26, 67e). L'Argentin signe un doublé juste avant la sirène, en contre-attaque. Le score final est lourd, rude à encaisser pour Exeter : 64-26.

Les statistiques parlent d'elles-mêmes : en marquant neuf essais, les Toulousains ont effacé 27 défenseurs anglais. Colossal ! Grâce à ce succès renversant, le Stade va disputer sa seizième demi-finale de Champions Cup, un record (15 pour le Munster).

La guerre des rucks

« On a eu une première mi-temps compliquée, reconnaît Antoine Dupont sur France 2. On a eu du mal à enchaîner les temps de jeu et enchaîner derrière. En deuxième mi-temps, on avait plus d'envie, plus de vitesse dans nos libérations de balle. On a vite trouvé des décalages et on a pu prendre le score rapidement ».

« Les Chiefs nous ont pris sur le rythme en début de rencontre, poursuit François Cros. C'est une équipe qui met une guerre incroyable dans les rucks. On a fait le dos rond avant d'être réalistes en seconde période. Le score est fleuve, c'est bien pour le public. On construit encore tous ensemble »

Ugo Mola avait, lui, un mot pour les supporters particulièrement bruyants de ce dimanche : « Aujourd'hui, le public toulousain a été incroyable et nos joueurs ont plus qu'apprécié ce moment de ferveur. Les supporters ont poussé malgré un match compliqué au début et n'ont pas cessé d'encourager. C'est très important pour nous et c'est le petit plus qui permet de remporter de gros matches. [...] Exeter repart tout de même avec beaucoup de points et nous a poussés dans nos retranchements, mais nous avons su aller puiser dans notre capacité à ne rien lâcher. Face à ce type d'équipes et dans ce genre de match, je m'évertue à dire qu'il faut être présent tout le temps physiquement et dans l'intensité. Les joueurs ont réalisé un match incroyable cet après-midi. »

En demi-finale, Toulouse poursuivra sa thématique anglaise avec la réception des Harlequins au Stadium.

Chapitre XI

TOP 14 – Un long fleuve tranquille

Dès le retour des internationaux, le Stade toulousain a retrouvé son leadership sur le Championnat de France.

Dans le chapitre IV, nous avons fait état des difficultés, notamment à l'extérieur, du Stade en début de saison. Inutile d'en chercher longtemps les raisons. Avec la coupe du monde, c'est une équipe entière qui était absente. Même si l'effectif est prévu en conséquence, Ugo Mola a dû construire une nouvelle équipe, avec des jeunes du centre de formation, des jokers, des recrues, puis l'incorporation progressive des internationaux, pas tous au meilleur de leur forme physique ou mentale après une longue coupe du monde, elle-même précédée d'une interminable préparation estivale. Bref : au 1er janvier 2024, le Stade toulousain occupe une pâle septième place, contraire à son rang en Top 14.

Au 1er janvier, l'augmentation traditionnelle des prix du gaz et des timbres-poste s'accompagne cette année du nombre d'essais inscrits par les Toulousains sur les pelouses françaises. Le 6 janvier, c'est l'Épiphanie, et la mise en lumière du Stade « version 2024 », en mode bulldozer. Le LOU en fait les frais : 45-0. Tous ceux qui sont allés à Dame sont des Rois : Marchand, Ramos (x2), Meafou, Lebel, Mauvaka, et bien sûr... Antoine Dupont. Avec cette démonstration rugbystique, Toulouse réintègre le Top 5 et ne le quittera plus jusqu'à la fin de la saison.

Après trois semaines d'intermède européen, le Stade se rend en Île-de-France pour un nouveau défi : gagner à l'extérieur, enfin. Cela n'est pas arrivé une seule fois cette saison. Et c'est évidemment indispensable pour terminer dans les deux premiers avant l'été. Sur la pelouse indoor de l'Arena de la Défense, à Nanterre, Toulouse domine le Racing 92 (20-27), au bout d'un match serré : après un nouvel essai du capitaine Dupont, Toulouse mène légèrement à la pause (10-12), mais subit les assauts franciliens jusqu'au bout. À la 75e minute, Tristan Tedder ramène le Racing à deux points (20-22). La meilleure défense, c'est l'attaque, alors le Franco-Italien Ange Capuozzo aplatit le dernier essai de la rencontre, pour offrir à Toulouse son premier succès loin de la Haute-Garonne (20-29).

Un mars… et ça rechute

En février, après deux victoires d'affilée à Ernest-Wallon durant lesquelles les Rouge & Noir marquent plus de cent points en cumulé (46-26 contre Bayonne, 61-34 contre Oyonnax), le Stade intègre définitivement le Top 2. Rien de plus confortable que d'être installé dans les deux premières places du classement, puisque cela permet, en fin de saison, d'être automatiquement qualifié pour les demi-finales, et donc, d'éviter les barrages éreintants pour les organismes – et mentalement stressants. Durant de longs mois, Toulouse conserve la deuxième place derrière le Stade français.

En 2024, les joueurs d'Ugo Mola restent invaincus du 6 janvier au 9 mars (six victoires, dont deux à l'extérieur), jusqu'à la défaite à Aimé-Giral, face à un USAP déchaîné cette saison. Juste après le tournoi des VI Nations, et alors qu'Antoine Dupont est en équipe de

France à 7 et Romain Ntamack toujours blessé, le mois de mars est une période creuse. Après Perpignan, Toulouse perd une seconde fois de rang, à Bordeaux (31-28), puis évite de peu la catastrophe en étant contesté sur son terrain par la Section paloise (31-29, un succès acquis à la dernière seconde), un club qui ne joue pas dans la même cour. Ce jour-là marque un tournant dans la saison, car il correspond au retour à la compétition de Romain Ntamack.

Après le quart de finale de Champions Cup remporté contre Exeter, Toulouse s'incline encore en championnat, au Stade Vélodrome de Marseille, face au RC Toulon, mais assure le minimum syndical, avec un point de bonus défensif (20-19).

Au printemps, le Stade passe la vitesse supérieure, avec deux succès face aux « Parisiens » (Le Racing, puis le Stade français) qui lui permettent de décrocher la première place du Top 14. Une position que Toulouse ne lâchera pas, malgré un match nul contre le rival rochelais (31-31) ou une défaite à Lyon (40-28). Comme la saison précédente, Toulouse est la meilleure équipe française de la saison régulière et observera ses futurs adversaires se débattre lors des barrages.

Le Stade toulousain dispose de 76 points – un de plus que le Stade français.

Bordeaux-Bègles, Toulon, La Rochelle et le Racing 92 sont qualifiés pour les barrages.

Chapitre XII

DEMI-FINALE *au Stadium*

Souvent battus en demi-finale lors des dernières éditions, les Stadistes ont déjoué le mauvais sort face aux Harlequins, au Stadium de Toulouse.

Attention, demi-finale. Qui n'est pas un suiveur assidu du Stade toulousain s'étonnerait probablement de cette discussion, mais peu importe, c'est un fait : malgré les 22 Brennus et les 5 coupes d'Europe, Toulouse est souvent éliminé en demi-finale. Au point d'évoquer une malédiction ? Le mot serait trop fort. Il n'empêche : dans l'ère du professionnalisme, le club Rouge & Noir a disputé quarante demi-finales… mais n'en a remporté que la moitié. Un ratio de 50 % dont on comprend la portée en le comparant au ratio de victoires du Stade en finale : sur les 20 finales jouées depuis 1994, 16 ont été victorieuses.

Depuis la saison 2018-2019, Toulouse a systématiquement atteint le dernier carré de la Champions Cup, mais avec une seule qualification en finale, l'année du titre européen, en 2021. Dans cette période, les quatre autres demi-finales ont été perdues : une contre Exeter, et trois contre le Leinster, un véritable chat noir – nous en reparlerons. « Sur cinq demi-finales, nous avons eu un titre, confirme Ugo Mola, le manager. Ce n'est pas le meilleur ratio et c'est donc à nous de trouver les clés pour passer un tour de plus et espérer obtenir une nouvelle étoile sur le maillot. » On note surtout que les quatre demi-finales perdantes se sont déroulées en Irlande ou en Angleterre. La seule fois où Toulouse s'est imposé, c'était à Ernest-Wallon. L'oracle est positif…

Dans le 15 toulousain, 6 joueurs ne peuvent ignorer ce lourd passif : Antoine Dupont, Pita Ahki, Romain Ntamack,

François Cros, Peato Mauvaka et Cyril Baille étaient tous là, à chaque fois. Mieux, Dupont et Ahki étaient titulaires lors de chacune de ses demi-finales… L'art de la continuité toulousaine.

Aussi vite qu'un concert de Johnny

Pour ce match de gala, les Stadistes déménagent de quelques kilomètres et délaissent Ernest-Wallon (19 000 places) pour le Stadium (33 000 places), l'enceinte habituellement dédiée aux footballeurs du TéFéCé. « Nous l'avions vécu pour des matchs de huitième et de quart de finale, mais pas pour une demi-finale, sourit Ugo Mola. Nous allons essayer de prendre le plaisir associé à cette enceinte et au fait que nos supporters pourront être plus nombreux. » Sitôt annoncé, l'événement est un raz-de-marée dans la Ville rose. Les places ont toutes été vendues en… vingt minutes ! On croirait revivre l'époque des mises en vente des concerts de Johnny Hallyday. « C'est un événement qui a déchaîné les foules, s'étonne presque le président Lacroix, en recevant une assemblée de journalistes dans un salon du stade Ernest-Wallon. Il y a eu jusqu'à 60 000 connexions instantanées et 800 000 demandes de connexion. Je ne sais pas quelle est la taille du stade qu'il nous aurait fallu. » Le Champ-de-Mars ?

Le Stade toulousain est habitué aux délocalisations sur l'île du Ramier… les Harlequins aussi ! C'est déjà le troisième match des Anglais de Twickenham dans la plus grande enceinte de la Ville Rose. En 1997, Toulouse l'avait emporté en quarts de finale (51-10), et en 2011, les Harlequins s'étaient imposés en phase de poules (24-31) – le seul succès anglais en cinq confrontations.

Du côté de l'infirmerie, les voyants sont au vert pour aligner la meilleure équipe possible. Durant toute la semaine, sur le terrain d'entraînement, la concurrence chère à Ugo Mola bat son plein, et dans les bars toulousains, la question est posée des milliers de fois : qui de Ramos ou de Kinghorn pour occuper le poste d'arrière ? Ou faut-il associer le Français et l'Écossais en décalant Kinghorn à l'aile ? Pour cela, il faudrait sacrifier Lebel ou Mallia, aussi très performants. Les autres incertitudes reposent sur le poste de deuxième centre, au côté de l'indéboulonnable Ahki (Costes ou Chocobares, voire Delibes ?), et de deuxième ligne (Flament pour accompagner Meafou comme en équipe de France, ou Arnold, qui est de retour de blessure ?).

Voici la composition retenue par le staff des Rouge & Noir : Baille, Mauvaka, Aldegheri – Flament, Meafou – Cros, Willis, Roumat – Dupont, Ntamack – Lebel, Ahki, Costes, Mallia, Kinghorn.

Encore plus impressionnant que le quinze titulaire, le nom des remplaçants : Marchand, Neti, Merkler, Arnold, Castro-Ferreira, Graou, Chocobares, Ramos. Tant de joueurs qui mériteraient une place de titulaire dans n'importe quelle équipe d'Europe.

Les Quins, des rookies au jeu spectaculaire

Côté anglais, on surveillera particulièrement les feux follets, Marcus Smith, Tyrone Green et Louis Lynagh, ainsi que la paire de centres en pleine forme : Luke Northmore et le Sud-Africain André Esterhuizen. La charnière est un bel alliage de jeunesse (Smith) et d'expérience, avec le demi de mêlée Danny Care, fidèle aux Quins depuis le début de sa carrière et centurion de la sélection anglaise. Attention aussi à Will Evans, roi du turnover (12) et du plaquage (92) depuis le début de la saison européenne.

Étudions dans sa globalité le 15 choisi par Billy Millard, le manager australien : Baxter, Walker, Collier – Herbst, Lewies (cap.) – Cunningham-South, Evans, Dombrandt – Care, Smith – Esterhuizen, Northmore, Lynagh, Green.

Sur le banc anglais, il y a aussi du poids, avec la présence du pilier Joe Marler (près de cent sélections en équipe d'Angleterre).

Les Harlequins, dont le club s'appelle officiellement – et étrangement – Harlequin Football Club, ont été champions d'Europe à trois reprises, mais il s'agissait du Challenge européen (2001, 2004, 2011). C'est la première fois que le club au maillot bariolé atteint le dernier carré de la Champions Cup. Depuis l'émergence de la génération dorée symbolisée par Marcus Smith, les Quins revendiquent de brillants résultats, avec un titre de champion d'Angleterre en 2021, remporté à la surprise générale face à Exeter.

En quarts de finale, les Quins ont battu l'Union Bordeaux-Bègles au terme d'un match haletant et hyper spectaculaire (victoire 42-41). À une transformation ratée près de Maxime Lucu, Toulouse aurait pu retrouver un adversaire français.

Avant le match, Blair Kinghorn donnait son avis sur l'adversaire britannique, dans les colonnes de *Midi Olympique* : « Cette équipe est vraiment surprenante, imprévisible. Les Harlequins mettent le feu au terrain et peuvent marquer de partout. Marquer quarante points en quart de finale montre à quel point cette équipe est dangereuse, balle en main. Quand Marcus Smith est dans un grand jour, les Harlequins gagnent en général leur match. Il faudra donc avoir un œil sur lui et le maintenir au calme. »

Comme nous l'avons vu lors d'un chapitre précédent, Toulousains et Londoniens se sont déjà défiés cette saison, lors de la phase de poules. L'avantage psychologique est donc aux Français, larges vainqueurs ce jour-là au Stoop (17-49), avec 7 essais inscrits – le tarif maison cet hiver.

S'ils ont bien travaillé à la vidéo, les Stadistes savent qu'ils doivent se méfier de l'entame de match. Contre l'UBB, les Quins menaient 14-0 après neuf minutes de jeu, puis 28-12 à la mi-temps.

Comme toujours, les Toulousains sont prêts pour le combat…

Flament, roi de l'embrouille

Après moins de quatre minutes, ils perturbent l'alignement anglais et chipent un ballon en touche, dans les 22 mètres des Quins. En une percussion de Meafou et quelques passes de Dupont et Ntamack, le ballon est renversé sur l'autre aile pour l'ineffable Matthis Lebel qui aplatit le premier essai du match (5-0, 4e). Dix minutes plus tard, réponse des Quins : alors que Dombrandt manque la ligne pour quelques millimètres, Danny Care renvoie le jeu au large, Marcus Smith feinte la passe et efface le plaquage, avant de transformer son essai (5-7, 14e). Cette première période représente une lutte âpre entre deux équipes qui ne refusent pas le combat, au contraire. Sur une touche dans les 22 m anglais, Mauvaka trouve Flament. Ballon coffré, groupé pénétrant, Mauvaka aux commandes… essai ! Toulouse repasse devant (12-7)… mais encaisse un nouvel essai de Will Evans, qui fait suite à une percée des avants anglais après une touche « 50-22 ». Comme l'essai n'est pas transformé, le score reste de parité (12-12, 26e). Sur le renvoi d'en-but, Thibaud Flament maraude devant les receveurs anglais et la sortie du ruck, puis chaparde le ballon pour marquer un essai de filou ! « Il ne faut pas dormir dans ce match », s'amuse le commentateur de beIN Sports, qui, comme tous les observateurs, s'étonne gaiement du scénario décérébré de cette demi-finale. Quel spectacle ! Grâce à Flament, roi de l'embrouille, voilà donc de nouveau le Stade aux commandes, même si Kinghorn manque encore la transformation (17-12, 27e). À la demi-heure de jeu, cinq essais ont déjà été inscrits… et le sixième arrive ! Une touche anglaise anodine, expédiée en fond d'alignement, lobe tous les Anglais… sauf Willis, le rosbif toulousain, qui lance la contre-attaque haut-garonnaise. Quatre-vingts mètres à remonter n'ont jamais terrorisé des rugbymen avec un maillot rouge et noir. Ahki libère Paul Costes, qui prend à sa charge la plus large remontée du terrain avant de décocher un coup de pied ultra-précis… Devant la ligne d'en-but, Kinghorn récupère. Un peu court, l'Écossais libère pour Dupont (24-12, 33e). Quatre minutes plus tard, le capitaine français est encore là pour récupérer une offrande après une double percée d'Aldegheri et Mauvaka. Avec ce doublé, Dupont donne enfin une lecture plus précise à cette demi-finale douce et dingue : à la pause, Toulouse mène 31 à 12. Rétrospectivement, on comprend pourquoi les 33 000 places du Stadium ont été vendues en vingt minutes. En ce dimanche 5 mai, le plus grand spectacle sportif se déroule sur l'île du Ramier.

« À la mi-temps, le discours s'est porté sur le fait de ne pas baisser en intensité, car on savait qu'ils étaient capables de revenir et de marquer des essais, même en étant menés au score », explique le capitaine Dupont.

Jeu de mains en mode accéléré

Au retour des vestiaires, et malgré le vent d'autan qui leur fait face, les Quins se relancent, grâce à une passe sautée ciselée de Marcus Smith, pour Cadan Murley (31-19, 47e). Mieux, les Anglais envoient dans l'espace leur meilleure fusée : Tyrone Green, au départ et à la conclusion d'une attaque de soixante-dix mètres qui repose presque exclusivement sur la vélocité de ses jambes. Telle une sangsue accrochée au bras d'Ugo Mola, les Quins sont au contact (31-26, 54e).

Le tournant du match survient à la 66e minute : Jack Walker est sanctionné pour un déblayage haut sur Antoine Dupont. Les Harlequins sont réduits à quatorze pour la quasi-totalité de la fin du match. Le Stade en profite dès l'action suivante. Après une récupération de Julien Marchand, les Toulousains déroulent leur jeu de mains en vitesse accélérée. En bout de ligne, Juan Cruz Mallia conclut : tout sauf un cadeau, car l'Argentin doit faire face à deux défenseurs britanniques. Lancé, il éponge un tampon et évite le second. « Il est solide comme un toro argentin », s'enflamme Frédéric Viard, au commentaire sur beIN Sports. C'est le dernier essai du match. Après la transformation de Thomas Ramos, plus personne ne marquera de points (38-26, score final). Toulouse est en finale. Vous l'aurez remarqué si vous avez été attentif : le tableau d'affichage présente exclusivement des essais et des transformations. Pas la moindre pénalité dans ce match à trois cents à l'heure qui fait honneur au rugby. « Un match qui devrait être remboursé par la sécu », écrit Emmanuel Massicard dans *Midi-Olympique*.

Face à l'expérience adverse et devant leur propre indiscipline en seconde période, les Quins ont perdu, mais on demande à revoir cette équipe lors des prochaines éditions de la Champions Cup... « Il faut féliciter les Harlequins qui ont réalisé un gros match et nous ont mis à mal, confirme Romain Ntamack. On a fait le dos rond pour ne pas craquer. On est restés soudés. On n'a rien lâché après avoir réalisé une bonne première période. »

À écouter Antoine Dupont, ce match a été le plus rude de la campagne européenne : « Il y a eu beaucoup de turnovers, de sorties de camp mal négociées, ils étaient très compliqués à arrêter. Nous avons quand même su rebondir et nous ne nous sommes pas démobilisés, même après une période compliquée. »

Au tour du manager, Ugo Mola, de donner son analyse de cette demie renversante : « Nous avons maîtrisé dans l'ensemble notre première mi-temps, le retour des vestiaires est un peu délicat pour nous, on a subi pas mal de situations offensives. Je crois que le contest de Dorian Aldegheri à la 60e minute est plus qu'important à ce moment. Grâce à cela, on arrive à remettre la main sur le ballon. C'est une seconde mi-temps qui n'est pas forcément maîtrisée notamment à cause de la qualité de l'équipe adverse. »

Au lendemain du choc des titans, Antoine Dupont (pour son « feu dans les jambes » et sa « malice ») et Peato Mauvaka (pour son « festival ») sont les joueurs les mieux notés dans le « Midol », avec un 8 sur 10. Les mieux notés ? En fait, non. On en oublierait presque celui dont on ne parle jamais, mais qui reste indispensable dans tous les succès des Rouge & Noir.

Vous voyez de qui on veut parler ?

François Cros, bien sûr !

Le troisième ligne reçoit la note de 8,5/10 avec ce commentaire qui nous a beaucoup amusés : « Si vous tapez "joueur de l'ombre" dans notre barre de recherche, des photos de François Cros apparaîtront. » (*On a vérifié sur le site de Rugbyrama, ça marche !*) Homme du match, Cros a réalisé vingt plaquages (18 réussis, 2 ratés).

Chapitre XIII

FINALE –
La guerre des étoiles

En finale de la Champions Cup, à Londres, le Stade toulousain défie sa bête noire : le Leinster. L'un des combats les plus intenses de l'histoire de la compétition.

« C'est une belle affiche. On l'avait cochée depuis un moment ». Romain Ntamack ne surprend personne en glissant ces mots dans la zone d'interviews du Stadium de Toulouse, après la demi-finale. « Toulouse face au bourreau de sa légende », titre le journal aux pages joliment jaunies, cher aux amoureux du ballon ovale. Toulouse, Leinster, Leinster, Toulouse. Comme une évidence. Malgré l'impressionnante parenthèse rochelaise, ces deux équipes sont les ogres de notre époque. Toujours dans le dernier carré. Toujours rivaux. Toujours assoiffés de victoires, de trophées, d'essais et de récompenses. « Nous sommes à un match de soulever un trophée et c'est ce pour quoi on s'entraîne quotidiennement, glisse Antoine Dupont, en bon capitaine. Nous savons qu'il est très compliqué d'arriver à ce stade de la compétition. Il nous reste la dernière marche qui est d'autant plus relevée, face à un adversaire qu'on connaît très bien et qui est difficile à manœuvrer. Ce sera un contexte particulier auquel il faudra qu'on se prépare. » Effectivement, Toulousains et Leinstermen se connaissent mieux que bien. De vrais cousins germains qui se chamaillent sans cesse. Et ces dernières années, le cousin irlandais a systématiquement pris le dessus. Plus fort, plus malin, plus réaliste. Il faut bien reconnaître, malgré tout, que le festin se déroulait toujours à sa table. 2019. 2022. 2023. À chaque fois, l'Aviva Stadium – bâti sur les ruines du mythique Lansdwone Road – a festoyé et laissé l'addition à Didier Lacroix. « Les joueurs du Leinster nous ont battus deux fois en demies, mais sont arrivés deux fois en

finale sans la gagner, pondère Antoine Dupont dans un air de défi. Je ne sais donc pas qui est le plus malheureux dans l'histoire. » Le capitaine des Bleus n'a pas tort…

Des Irlandais dangereux avec la possession

Fondé en 1875, le Leinster Rugby est un monument du rugby mondial. Basé à Dublin, le club représente toute la province du Leinster, selon le système de répartition du rugby irlandais (Ulster, Munster, Connacht). Les « Boys in blue », qui jouaient autrefois au *Donnybrook rugby ground*, profitent désormais à chaque grande affiche de l'enceinte flamboyante du Staid Aviva (nom irlandais de l'Aviva Stadium), l'enceinte officielle des équipes nationales de rugby et de football. Le Leinster a déjà soulevé la coupe d'Europe à quatre reprises : 2009 (contre Leicester), 2011 (Northampton), 2012 (Ulster) et 2018 (Racing 92). Comme le soulignait Dupont, quand les Irlandais ont battu Toulouse, ils ont systématiquement perdu la finale ensuite : face aux Saracens, en 2019, et contre La Rochelle, en 2022 et 2023, lors des deux éditions précédentes. Un scénario d'autant plus rageant pour les Toulousains, qui, devant la télévision, observaient le Stade rochelais – une équipe qui leur réussit plutôt bien lors des matches couperets – damer le pion à leur bête noire. Le rugby est cruel… Mais ce 25 mai 2024, dans la capitale d'Angleterre, apparaît comme une journée idéale pour prendre sa revanche. *London Calling !* « Contre le Leinster, on a ramassé à chaque fois, souffle Mauvaka dans *Midi Olympique*. Mais tomber en finale contre eux, c'est le duel rêvé. Surtout avec aussi les défaites en sélection face à l'Irlande, vu que ce sont quasiment les mêmes joueurs. On n'attendait qu'une chose, c'était de les retrouver un jour ou l'autre. »

En sept confrontations entre Toulouse et le Leinster, les Irlandais ont gagné cinq fois.

En demi-finale, les Dubliners ont éliminé Northampton, avec un triplé d'essais de James Lowe (20-17). Avec un essai de Seabrook dans le *money time*, les Saints sont passés tout près de renverser le géant irlandais. « Sur la demi-finale du Leinster, leur adversaire connaît une première mi-temps compliquée et nous savons que quand le Leinster a la possession et la possibilité d'avoir de la matière, ils sont très dangereux, analyse Ugo Mola, qui a soigneusement étudié le match à la vidéo avec son staff. Certaines équipes, comme La Rochelle, arrivent à bousculer le Leinster. Nous allons devoir allier la fin de match de Northampton, un peu de La Rochelle et surtout beaucoup de Toulouse. »

Au moment d'évoquer ses choix pour le quinze de départ et les huit « finisseurs », « joueurs d'impact » ou « remplaçants » – cochez le vocable de votre choix –, Ugo Mola parle de « casse-tête », mais aussi de « crève-cœur » et de « stratégie ». Problème de riches, aurait-on pu ajouter. Parfois, en lisant la composition de l'effectif professionnel toulousain, on se dit que si le règlement l'autorisait, le Stade aurait pu placer deux équipes différentes dans le dernier carré – ou en quarts de finale, au moins – de la Champions Cup.

Rayon incertitudes, il y a, encore et toujours, le poste d'arrière. Victime d'une fracture du nez qui n'a pas nécessité d'opération, Blair Kinghorn est de retour in extremis pour prendre l'avantage, une fois de plus, à Thomas Ramos. Cependant, l'assurance tous risques du Français face aux poteaux aurait pu lui permettre de postuler à une place de titulaire. Mais Clément Poitrenaud et Ugo Mola ont aussi pensé au *money time* : « Quand vous vous amusez à regarder les finales depuis quelques années, elles ne se jouent pas avec la ligne droite de Longchamp, image Mola. Elles se finissent à deux, trois points d'écart donc peut-être que le buteur que représente Thomas, sans être devin, pourra nous servir. Ou, en tout cas, nous apporter toute son expérience en fin de match. »

Chez les avants, on aurait pu imaginer garder Meafou au frais pour apporter sa puissance et écrabouiller les Irlandais fatigués en fin de match, mais, finalement, le néo-Français est titularisé avec Flament, encore préféré à Richie Arnold. Au centre, Paul Costes a encore convaincu le staff de l'aligner à la place de Barassi. Au talon, Mauvaka confirme la tendance : il est désormais le titulaire du poste, devant Julien Marchand.

Voici le XV complet :

Composition : Baille, Mauvaka, Aldegheri – Flament, Meafou – Willis, Cros, Roumat – Dupont, Ntamack – Lebel, Ahki, Costes, Mallia, Kinghorn.

Sur le banc, le staff a privilégié une répartition 5-3, c'est-à-dire cinq avants et trois arrières : Marchand, Neti, Merkler, Arnold, Brennan, Graou, Chocobares, Ramos.

Pas de Mathis Castro-Ferreira, barré par Joshua Brennan.

Et si vous vous étonnez de la présence de Chocobares, alors qu'il était suspendu pour un plaquage haut face aux Harlequins, sachez que l'Argentin a passé avec succès le *Head coaching process*. Quèsaco ? Il s'agit d'un dispositif visant à réduire d'une semaine la suspension d'un joueur. Si ce dernier effectue divers ateliers de travail technique – ayant pour but d'éviter les plaquages hauts et interventions défensives dangereuses, la sanction est allégée. Chocobares a été bon élève... pour une finale, ça valait le coup. « La préparation est difficile quand tu ne sais pas si tu vas pouvoir jouer ou pas, explique l'international puma à *Rugbyrama*. Il fallait rester calme et fort dans la tête. » Ce nouveau point de règlement a été mis en place par World Rugby, en 2021.

Il ne reste plus grand monde à l'infirmerie : Anthony Jelonch (genou), Nepo Laulala (tendon d'Achille), Alban Placines (genou) et Maxime Duprat (cheville).

Côté irlandais, le quinze a des allures d'équipe d'Irlande :

Porter, Sheehan, Furlong – McCarthy, Jenkins – Baird, Connors, Doris – Gibson-Park, Byrne – Lowe, Osborne, Henshaw, Larmour, Keenan.

L'ailier Lowe et le demi de mêlée Gibson-Park seront particulièrement scrutés. À eux deux, ils ont inscrit onze essais depuis le début de la campagne européenne.

Plusieurs cadres de l'équipe ont fait leur retour de blessure au moment idoine : Ryan et Keenan ont rejoué seulement la semaine précédant la finale, contre la province rivale d'Ulster. Revenu en demi-finale contre Northampton, O'Brien n'est finalement pas retenu pour le match.

Remplaçants : Kelleher, Healy, Ala'alatoa, Ryan, Conan, McGrath, Frawley, Van der Flier.

Les spécialistes s'en apercevront : il s'agit d'un banc en 6-2. En privilégiant les avants par rapport aux arrières, Leo Cullen entend répondre présent au défi physique imposé par le Stade toulousain, voire prendre le dessus dans ce domaine en fin de match. Dans le rugby contemporain, les 23 joueurs (sauf le remplaçant d'Antoine Dupont...) jouent systématiquement une bonne partie du match, donc le choix du banc est l'inverse d'un accessoire.

Insouciance et légèreté

Le match est programmé à un horaire inhabituel pour une finale : 14 h 45, heure londonienne, 15 h 45, heure française. La raison ? France Télévisions, diffuseur de l'événement, propose une journée chargée, avec la cérémonie de clôture du Festival de Cannes à 18 h 45 puis la finale de la coupe de France de football, entre le PSG et l'Olympique lyonnais, à 21 h. Le football n'est jamais loin, car plutôt qu'à Twickenham, le temple du rugby, la finale se déroule au Tottenham Hotspur stadium, le troisième plus grand stade du pays (62 000 places), où évolue l'ancien club du champion du monde Hugo Lloris, et, occasionnellement, les Saracens. Flambant neuve, construite sur les ruines de feu White Hart Lane, l'enceinte a été inaugurée en 2019.

La veille, un changement de cycle s'est opéré en finale du Challenge européen, la seconde coupe d'Europe. Pour la première fois depuis 2020, ce n'est pas un club français qui s'est imposé. Montpellier (2021), Lyon (2022) et Toulon (2023) s'étaient succédé au palmarès. Il faut même remonter à l'an 2018 pour voir une finale sans un représentant de l'Hexagone (en 2019, Clermont avait battu La Rochelle, et en 2020, Bristol avait dominé Toulon). Le changement d'ère est d'autant plus brutal que les Français sont remplacés par… les Sud-Africains ! Pour la première fois dans l'histoire des « coupes d'Europe » (n'hésitez pas à utiliser un marqueur épais pour accentuer les guillemets), une franchise sud-africaine atteint la finale, et la remporte, face à Gloucester : victoire 36-22 des Sharks de Durban.

Dans les coursives du stade, en conférence de presse de veille de match, Ugo Mola confie ses impressions sur ses joueurs, qui ne cessent de l'étonner : « Je ne sais plus trop comment les qualifier tant ils sont à la fois en phase avec les événements qu'ils sont capables de jouer, en phase avec leur génération et puis déconcertants à l'approche d'événements comme ça où parfois, le jeu, la légèreté, l'insouciance, malgré le fait qu'ils vieillissent tous un petit peu, prend toujours un peu le dessus. Parce que je pense que nous abordons tout ça comme un jeu et une chance incroyable de se retrouver là. » Quel plus bel hommage d'un manager à son groupe ?

Il a aussi été demandé à Mola ce qu'il avait dit à ses joueurs, dans le secret du vestiaire : « Je leur ai dit que j'avais une énorme confiance en ce groupe et évidemment dans l'équipe que l'on aligne. Dans cette saison attaquée mi-juillet, avec des joueurs qui se sont préparés pour faire une Coupe du monde, qui sont revenus, repartis, certains ont d'autres objectifs à terme (*Mola pense forcément à Dupont et aux Jeux Olympiques, nda*), nous sommes passés par tous les états. Nous avons l'impression d'avoir vécu quatre saisons dans une, mais ce qui nous caractérise, c'est cette forme de karma permanent où tout le monde se sent bien, est content et a envie de se revoir. Nous ne nous forçons pas. »

Dans la semaine, les Toulousains ne se sont pas contentés des exercices physique, technique et tactique habituels. Ils sont aussi reçu l'arbitre international Matthieu Raynal, afin de travailler avec lui les questions d'indiscipline. La finale est arbitrée par un Anglais, Matthew Carley, associé à Karl Dickson (Angleterre), Andrea Piardi (Italie) et Ian Tempest (Angleterre) à la vidéo.

Sur le site de *La Dépêche du Midi*, les lecteurs toulousains sont presque unanimes : à 86 %, ils pensent que le Stade va conquérir sa sixième étoile européenne.

Avant de vous replonger dans la finale, une dernière statistique : le Stade toulousain a remporté ses huit dernières finales, toutes compétitions confondues...

Place au jeu !

Au cœur du féérique Tottenham Hotspur Stadium, Toulousains et Leinstermen sont prêts pour l'une des plus grosses bagarres de leur carrière.

À ceux qui prétendaient qu'il était moins fiable, au pied, que Thomas Ramos, Blair Kinghorn répond d'entrée de jeu par une pénalité de cinquante mètres (0-3, 5e). On comprend rapidement que le scénario de ce match ne sera pas de nature débridée, pas « foufou » comme la demie face aux Harlequins. Kinghorn insiste (0-6, 7e) et Ross Byrne, qui affiche un taux de réussite à plus de 80 % cette saison, répond avec fermeté (3-6, 19e). À la demi-heure de jeu, toujours pas le moindre essai, même si les Toulousains se font peur. Suite à une passe intérieure osée d'Antoine Dupont, Sheehan part en contre-attaque, remontant, seul, tout le terrain ! Sans la vitesse de Blair Kinghorn, dernier défenseur exemplaire, le talonneur *dubliner* filait à l'essai.

Kinghorn passe son troisième coup de pied (100 % de réussite), donnant six points d'avance aux siens dans cette finale étriquée (3-9, 37e). Trois minutes après la sirène, Byrne ajoute encore un peu plus de suspense, à la manière de ces pâtissiers de la vieille école qui ne peuvent s'empêcher de bourrer de sucre des gâteaux qui n'en manquent déjà pas (6-9, mi-temps). « Un premier acte cadenassé », analyse Mathieu Lartot sur France TV. « On a beaucoup défendu, mais il va falloir faire autre chose, remettre la main sur le ballon, car au bout d'un moment ça peut craquer », prévient Romain Ntamack au micro du diffuseur officiel, juste avant de dire la même chose à ses coéquipiers dans la tiédeur du vestiaire. « D'autant qu'avec le peu de munitions qu'on a eues, on met des points », ajoute l'ouvreur, optimiste.

Une partie d'échecs

Dès le début de la seconde période, Josh Van der Flier supplée Connors. Le troisième ligne aile est le talent de l'ombre du Leinster. À l'image de François Cros à Toulouse, il est rarement celui dont on floque le nom sur son maillot (à moins d'être soi-même en troisième ligne) ou dont on placarde le poster dans sa chambre (idem), mais il est un atout majeur, voire carrément une paire d'as dans la manche de Cullen. À 31 ans, Van der Flier approche les soixante sélections avec le maillot vert frappé du trèfle. Avec le Leinster, il a joué 24 matches cette saison, pour un temps de jeu moyen de 61 minutes. En entrant à ce moment du match, il va apporter plus de malice aux Irlandais dans les rucks défensifs, avec sa science du grattage. Hasard ou pas, juste après l'entrée du troisième ligne international, Toulouse est sanctionné pour un hors-jeu, et Byrne ramène les deux équipes à égalité (9-9, 48e). Mi-tactique, mi-physique, la partie est un jeu d'échecs entre deux mastodontes qui, par leur talent, peuvent renverser la table à tout moment. Juste avant l'heure de jeu, instant de coaching pour Ugo Mola, qui change ses « gros » : Mauvaka, Aldegheri et Arnold sortent. Marchand, Merkler et Meafou entrent en jeu. Kinghorn redonne l'avantage au Stade (9-12, 59e). Perclus de crampes – ça nous donne une idée de l'intensité de cette finale –, Paul Costes est remplacé par Thomas Ramos.

Il reste vingt minutes.

Aucune équipe ne parvient à faire le break.

Byrne égalise. Encore (12-12, 66e). Le demi d'ouverture irlandais reste sur le terrain alors qu'il est blessé à la jambe. À Dublin, le courage est rarement vain. Dans le dernier quart d'heure, chacun en a conscience : la première équipe qui marquera un essai remportera ce duel monumental. Après une première accélération de Ramos et Kinghorn, Romain Ntamack renverse le jeu côté gauche d'une passe au pied pour Matthis Lebel. Le serial marqueur aplatit en coin et inscrit l'essai tant attendu... du moins, le pense-t-on, sur la place du Capitole, où près de 10 000 Toulousains sont massés pour suivre la finale. Hélas, Lebel, a posé le pied en touche au moment d'aplatir. Essai refusé... le score reste bloqué à 12-12. Quatre pénalités partout. Comme un match de Fédérale disputé dans la boue. Heureusement, le Stade capitalise tout même grâce à une pénalité de Ramos (12-15, 70e), obtenue après un ballon porté d'école. Depuis le début du match, on note que Toulouse fait la course en tête. Les Irlandais sont dans la position du chasseur. Pour sourire un peu, et évacuer le stress, la réalisation montre à l'image une banderole de facétieux supporters toulousains indiquant « Ici, on dit chocolatine », et l'auteur de ces lignes ne peut que souscrire à cette évidence linguistique, n'en déplaise aux Parisiens et à une partie de la France. Les Irlandais ne font que peu de cas de nos étranges et délicieuses viennoiseries. À cette heure-ci, ils grignotent seulement leurs ongles et leur bordure de verre de bière. Le stress du *money time*, l'angoisse de perdre une troisième finale consécutive, et une quatrième en six ans.

La mêlée fermée du Leinster pousse, et à deux minutes de la fin du temps réglementaire, Frawley – qui a remplacé Byrne – égalise (15-15). Dans la dernière minute, le demi d'ouverture est sur le

point de crucifier le Stade d'un drop fulgurant… qui passe légèrement à gauche des poteaux. Le mot « ouf » a été inventé pour ce moment.

15-15. On s'arrête là. Le titre de champion d'Europe se jouera en prolongation !

Le règlement est le suivant : deux périodes de dix minutes, et, en cas d'égalité persistante après ces vingt minutes additionnelles, l'équipe qui aura marqué le plus d'essais l'emportera. Pour l'heure, l'équation peut être résolue par un enfant qui sait compter jusqu'à… zéro, puisqu'aucun essai n'a été aplati. Si c'est toujours le cas, une séance de tirs au but départagera les duettistes.

Toulouse, si proche des cimes…

En prolongation, les péripéties s'enchaînent : reconnu coupable d'un en-avant volontaire, Lowe écope d'un carton jaune et laisse ses partenaires en infériorité numérique (82e) ; Thomas Ramos manque la pénalité qui en découle (15-15, 83) ; Ntamack et Ramos initient une action typiquement toulousaine, Chocobares fixe son vis-à-vis irlandais et trouve enfin la passe qui fait la différence, l'intervalle magique qui envoie Matthis Lebel, sur son aile gauche, inscrire le premier essai du match, de surcroît transformé par Ramos en coin (15-22, 85e). C'est un essai qui compte double, ou presque, car en cas d'égalité, il permettrait à

Toulouse d'éviter les tirs au but. Sur la place du Capitole, les sourires se multiplient. Ramos ajoute 3 points (15-25, 88e), et se prépare à tenter une nouvelle pénalité... finalement retournée. Nouveau coup de théâtre. Toulouse, si proche de la victoire, sombre dans l'inquiétude et l'incertitude. Alors que les Irlandais avaient commis une faute dans leur 22 mètres, l'arbitre vidéo s'est aperçu qu'Arnold s'était laissé aller à un geste encore plus répréhensible, au cœur d'un ruck : déblayage avec la tête. Un geste dangereux et interdit que les arbitres ne laissent plus passer.

Carton rouge.

Toulouse a dix points d'avance, certes, mais doit terminer la finale à quatorze. La fin de la première période de la prolongation est irrespirable. Plus de trois minutes après la sirène, après une succession de temps de jeu, au pré, Josh Van der Flier remet les compteurs à zéro, ou presque.

Un essai partout.

25 à 22 pour Toulouse.

Le drop de la dernière chance

Il reste dix minutes. Une éternité pour ces organismes fatigués par l'intense combat livré. Un tout petit rien pour répondre à cette question posée dans les livres d'histoire : le Leinster reviendra-t-il à hauteur de Toulouse avec un cinquième sacre européen ou laissera-t-il le Stade s'échapper vers les cimes – en mode Real Madrid du rugby – pour accrocher une sixième étoile ?

Au sol, Chocobares obtient une pénalité. Quand on pense que l'Argentin a failli ne pas jouer cette finale… Précieux, indispensable, Ramos redonne un peu d'air à la France du rugby, qui aime profondément Toulouse (22-28, 93e). Au tour de Julien Marchand de laisser son corps à la science, pour offrir un nouvel exercice de style à Ramos, et ça passe encore (22-31, 96e).

À la 99e minute, Frawley manque le drop de la dernière chance.

Le combat est terminé (22-31, score final). Les Leinstermen, valeureux boxeurs, sont à terre. De haute lutte, le Stade toulousain remporte sa sixième étoile, celle qui fut probablement la plus dure à conquérir. Plus de cent minutes de lutte rugbystique pour toucher le graal. « Franchement, si ce n'est pas le match le plus intense physiquement que j'ai connu dans ma vie, il est à coup sûr dans le top 3 », souffle Chocobares au reporter de Rugbyrama. Dans les gradins londoniens, ou sur le bitume chaud et souillé de bière de la place du Capitole, ou collé au canapé moite du salon familial, les supporters toulousains sont du même avis : même en la regardant, cette finale était dense, puissante, frénétique. « Hallucinante », conclut Matthieu Lartot sur France 2. Un match de forcenés, remporté par la meilleure équipe du monde.

En conférence de presse, Ugo Mola a laissé l'émotion parler, dans une sorte de déclaration d'amour à ses joueurs : « Il fallait être capable de s'accrocher, d'avoir du caractère. Le retour en deuxième prolongation est admirable dans la gestion, la sérénité, dans leur capacité à montrer qu'ils sont des joueurs incroyables. Bravo, parce que j'ai la chance d'entraîner des mecs incroyables, ça, vous le savez, et je suis très fier d'être à leurs côtés. Ils nous nourrissent d'émotions. »

Pour le peuple rouge et noir

De l'émotion, il y en avait aussi dans la voix de Thomas Ramos, sur beIN Sports : « C'était une grosse finale. Ce titre vient récompenser tous les efforts que l'on fournit depuis notre dernier titre en Champions Cup en 2021. Le Leinster était notre bête noire et c'est bien pour nous d'arriver à les battre en finale. Nous avons eu une saison monstrueuse avec la Coupe du monde, le Tournoi des VI Nations, des doublons en pagaille… Quel kif ! On a montré du caractère et de la maturité. C'était impossible pour nous de perdre. On a une putain d'équipe, je crois qu'on peut le dire. »

Et dans celle de Matthis Lebel sur France 2 : « On travaille depuis un long moment pour ça. Tout le monde est resté concerné pour un objectif qu'on s'était fixé entre nous malgré la Coupe du monde. On a essayé de ne pas trop fanfaronner, mais petit à petit on prenait confiance et on y arrivait. On parlait de jouer pour se faire plaisir, et on a pris énormément de plaisir sur ce match. On avait envie de jouer pour nous, mais quand tu vois les mecs qui nous supportent, ça donne un supplément d'âme. Celle-là, elle sera vraiment pour tout le monde. » Comprenez, pour le peuple rouge et noir, de Toulouse et d'au-delà.

Un peuple mis en avant par Blair Kinghorn lors de l'émission d'après-match de TNT Sport, la télévision britannique. L'Écossais, arrivé en Haute-Garonne en décembre 2023, a tenté d'expliquer à ses compatriotes de la Grande-Bretagne la « mentalité toulousaine », qui, selon lui, a fait toute la différence. « On a tout donné pour nos coéquipiers. Tous les garçons se sont envoyés sur cette finale. Dans ce groupe, tout le monde aime le club, le maillot, la ville… Et on a gagné ! » Pour Kinghorn, l'émotion est double : un premier grand titre, et une victoire contre le club de Dublin, après neuf longues années à perdre contre le Leinster en Ligue celte avec son club natal d'Édimbourg.

Côté irlandais – nous y reviendrons –, la déception est d'une tristesse étouffante. Face aux journalistes de l'Europe entière, Leo Cullen a tenté d'y apposer quelques mots : « Ce fut une rencontre très disputée. Mais Toulouse a été très bon dans le combat défensif, même si nos garçons ont toujours tenté des choses au long de la rencontre. Dans le vestiaire, tout le monde est dévasté, c'est vraiment difficile, mais le sport est ainsi. La pièce est simplement tombée du côté de Toulouse, c'est la nature du sport au plus haut niveau. » Le coup de la pièce, il fallait oser…

D'une cérémonie à une autre, France 2 n'a pas le temps de proposer aux téléspectateurs la remise de la coupe en direct, car le match a duré si longtemps que la retransmission de la cérémonie de clôture du Festival de Cannes a été retardée ! Selon Médiamétrie, l'audience télévisuelle a été au rendez-vous, avec plus de trois millions de téléspectateurs français devant la finale (33,8 % de part d'audience).

Laissons le mot de la fin à Emmanuel Massicard, dans son remarquable éditorial, en page 2 de *Midi Olympique*, le 27 mai : « Oui, c'est ce genre de matches qui fait la grandeur de notre sport, même s'ils ne ressemblent à aucun autre joué par le commun des rugbymen ». Et de comparer ce Toulouse-Leinster à un Federer-Nadal. Un duel à ranger tout en haut, parmi les satellites de la mémoire rugbystique, qui fait honneur à la Champions Cup, une compétition qui a retrouvé ses galons. Dans dix, vingt, ou trente ans, on voudra encore se souvenir de la rivalité Toulouse/Leinster – France/Irlande. Il suffira de tourner ces pages pour en avoir quelque aperçu.

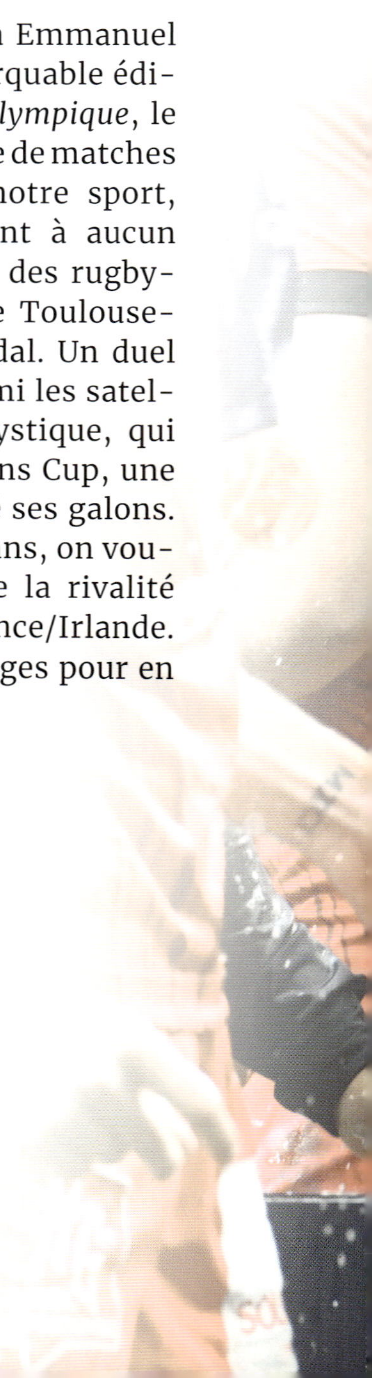

PEUGEOT
Investec
SOLVEO
ENERGIES

Chapitre XIV

DANS L'ŒIL DU CONSULTANT – *Thierry Dusautoir*

« Le livre continue de s'écrire »

Consultant du Canal Rugby Club, l'ancien troisième-ligne du Stade toulousain a multiplié les titres et les distinctions au cours de sa riche carrière : record de capitanats en équipe de France (56), meilleur joueur du monde en 2011, vice-champion du monde 2011, Grand Chelem 2010, champion d'Europe 2010, quintuple champion de France, Hall of Fame du rugby.

Que ressentez-vous quand vous voyez le Stade toulousain remporter un titre ?

Thierry Dusautoir : En tant qu'ancien du club, c'est toujours énormément de fierté de constater que le livre continue de s'écrire. Je suis persuadé que les performances des plus jeunes mettent en lumière celles des anciens et permettent que ceux-ci ne soient pas oubliés.

Vous étiez sur le plateau du *Canal Rugby Club* à Marseille pour la finale de Top 14 contre l'UBB. Comment avez-vous vécu ce festival toulousain ?

C'était assez particulier, car en tant que consultant Canal+, je dois conserver une certaine objectivité et rester mesuré à l'écran, mais c'était une sacrée performance : plier le match en vingt minutes, démontrer une telle maîtrise... Face à une équipe bordelaise qui avait peut-être joué sa finale une semaine auparavant, le Stade toulousain était en contrôle total de son rugby. Mais ce qui m'a encore plus impressionné que la finale, c'est la gestion de l'effectif toulousain tout au long de la saison, avec près de soixante joueurs utilisés. De l'équipe senior aux espoirs, chaque joueur a répondu présent à chaque sollicitation.

C'était une saison très particulière avec coupe du monde, tournoi des VI Nations, les absences de Dupont pour jouer en équipe de France à 7…

Contrairement à ce que laisse penser la lecture du palmarès, chaque saison est difficile à gérer pour le Stade toulousain, car traditionnellement, il y a toujours beaucoup d'internationaux français. Les meilleurs joueurs sont donc souvent absents. C'est souvent pendant les périodes internationales que la différence se fait : quand les stars rentrent de sélection et constatent avec satisfaction que le travail a été fait en leur absence, elles peuvent souffler un peu et cela donne du confort et une bonne dynamique au groupe. À l'inverse, si les résultats ne sont pas bons dans ces périodes-là, on va en demander beaucoup aux internationaux qui auront moins d'énergie dans les phases finales. Cette saison, non seulement le Stade toulousain a réussi à gérer son effectif, mais, en plus, les jeunes se sont permis d'aller gagner des matches à Montpellier, à Clermont, là où on ne les attendait pas forcément, en produisant un jeu de grande classe. C'est ce qui m'a impressionné. En préparant la finale, je me suis rendu compte que Castro Ferreira avait été le troisième ligne le plus utilisé cette saison. Idem pour Cramont au poste de talonneur. Cela montre la richesse de l'effectif.

Et tout cela, on l'imagine, nécessite une soigneuse planification du staff technique.

Rien ne se fait au hasard. Ne pas avoir tous ses joueurs disponibles durant la saison, c'est une contrainte, mais elle est bien admise. C'est un long travail de planification réalisé par le staff et Jérôme Cazalbou (manager du haut niveau). En revanche, on ne sait jamais comment vont répondre les jeunes sur le terrain, et parfois, il y a d'excellentes surprises.

Avec deux doublés en trois ans, cette génération vous étonne-t-elle ?

Cette génération est impressionnante. Le doublé est une performance exceptionnelle. On a tendance à le banaliser avec cette équipe, mais c'est très difficile à réaliser. Je ne sais pas où se situe la limite de cette génération. À chaque poste, il y a d'excellents joueurs. Mais parfois, il est difficile de répondre aux attentes sur le long terme. Ce n'est pas qu'on se lasse de la victoire, mais c'est compliqué de répéter des performances, saison après saison. D'autant qu'à Toulouse, on réclame la qualité du jeu en plus du résultat. La bonne nouvelle pour le Stade toulousain, c'est le nombre de jeunes joueurs talentueux.

Quand vous suivez les matches, cette équipe vous rappelle-t-elle vos années de domination ?

Je suis assez détaché de tout cela. Je suis surtout heureux pour les joueurs, car c'est mon club, là où j'ai joué douze ans, dont j'ai été capitaine pendant huit ans, avec des moments de vie très importants. J'ai toujours une double vision, car je sais à quel point c'est compliqué

de gagner sur le long terme. Ce qui peut sembler facile à l'extérieur demande beaucoup de travail et de remise en question. Le secret, c'est la qualité sur le terrain, mais aussi la cohésion à l'intérieur du groupe.

Quels sont vos souvenirs de la coupe d'Europe remportée en 2010 ?

Personnellement, c'était une finale très dure à jouer émotionnellement. En 2006 (avec Biarritz) et 2008 (avec Toulouse), j'avais perdu deux finales de coupe d'Europe contre le Munster. Là, je me retrouvais en finale face au BO, mon ancien club. Autant vous dire que j'aurais eu du mal à trouver le sommeil si on avait perdu ce match. Décrocher une coupe d'Europe était l'un des objectifs de ma carrière. C'était génial, mais je me souviens que tout semblait facile. C'est étrange à dire, mais la performance coulait de source. C'était une période fabuleuse. Quand on évolue dans une équipe qui vit de tels moments de grâce, on a la sensation que cela va durer éternellement. Ensuite, on se rend vite compte que la remise en question est permanente.

En comparaison avec le bouclier de Brennus, quelle est la saveur d'une coupe d'Europe ?

C'est différent. En termes de performance, les matches de coupe d'Europe sont plus intenses. C'est un défi sportif plus important. En revanche, le Bouclier a une saveur émotionnelle supérieure, car nous avons été bercés par le culte de ce trophée qui touche au cœur du rugby français. Gagner le Brennus a une portée plus forte, d'autant qu'aujourd'hui, il est très difficile à gagner avec un Top 14 très relevé. Même les promus sont compétitifs. C'est un marathon exigeant, car il faut conserver de l'énergie pour les phases finales.

On parle souvent du jeu de trois-quarts toulousain. Vous, l'ancien troisième-ligne, comment analysez-vous le jeu du pack toulousain ?

Pour le grand public, et encore plus à Toulouse, les trois-quarts récoltent souvent les lauriers de la performance, car le jeu offensif est plus à la portée de tout le monde. Mais la domination toulousaine a toujours reposé sur un gros pack. Tout commence devant, avec une grosse mêlée et des avants qui sont tous internationaux : Meafou, Marchand, Mauvaka... en fait, je pourrais tous les citer ! Il y a une très grande complémentarité entre les lignes, et une qualité qui permet à toute l'équipe de briller. En plus, nos avants sont très habiles ballon en main. Le Stade toulousain est une équipe très difficile à jouer.

Quand vous repensez à un match à Toulouse, quelles sont les premières images qui apparaissent ?

Que ce soit à Ernest-Wallon ou au Stadium, je revois les matches de phases finales, ces rencontres face au Stade français ou à Clermont, les concurrents phares de mon époque. Je revois le public, toujours présent, tel un seizième homme. Cela procurait beaucoup d'émotions et cela ne me quittera jamais. Quand on signe à Toulouse, c'est ce qu'on vient chercher. Je conserverai toujours une très grande affection pour ce club.

Chapitre XV

L'HISTOIRE des Irlandais maudits face aux Français

Après deux défaites surprises contre La Rochelle, le Leinster a encore été battu par un club de l'Hexagone.

« La pièce est simplement tombée du côté de Toulouse. » Pas vraiment beau joueur, Leo Cullen. Surtout quand on est le manager d'un club qui vire loser, avec une troisième défaite consécutive en finale, et une quatrième en six ans.

Malgré une équipe nationale à 90 % d'Irlande et une masse salariale de quinze millions d'euros, la franchise du Leinster ne parvient plus à transformer l'essai. Toujours finaliste, plus jamais gagnante. Et souvent perdante contre les « milliardaires du Top 14 », selon l'expression consacrée de Leo Cullen, l'as des petites phrases, alors qu'il dirige l'une des plus grosses armadas d'Europe.

Le Leinster serait-il le Clermont irlandais ?

On a souvent écrit, à travers l'Europe, ces dernières années, que les Boys in Blue jouissaient du plus bel effectif et de la plus belle équipe d'Europe, voire du monde. On commence un tantinet à en douter, car la meilleure équipe du monde, si impressionnante soit-elle tout au long de la saison, ne peut pas perdre à la fois contre les Saracens en 2019, puis contre le Stade rochelais en 2022 et 2023, et enfin contre Toulouse en 2024.

Si les observateurs donnaient les chances toulousaines et irlandaises à peu près équivalentes, et idem en 2019 lors de l'âge

d'or des Saracens, les deux défaites les plus surprenantes sont survenues face au Stade rochelais. À chaque fois, le Leinster était archi-favori. « L'expérience et le réalisme des Irlandais devraient faire la différence », écrivaient les bookmakers en 2022, plaçant la cote de victoire de La Rochelle à 4,80. À la mi-temps, les Blues menaient 12 à 7, puis 18-10 à l'heure de jeu. Les supporters irlandais étaient sereins. La petite équipe de La Rochelle, qui n'avait jamais rien gagné de sa vie, et avait perdu contre Toulouse l'année précédente, ne renverserait jamais la situation. Et pourtant... Grâce à un essai de dernière minute du futur Toulousain Arthur Retière, le Stade rochelais enlevait son premier titre majeur face au Leinster.

Cullen croit en l'avenir

L'année suivante, qui pouvait imaginer que l'histoire se répétât ? Et quel insensé pouvait encore y croire en apprenant que la finale 2023 aurait lieu, un an après Marseille, à Dublin, au Staid Aviva, antre des Leinstermen ?

Ce jour-là, les seuls à y croire sont Rochelais, et c'est suffisant pour anéantir la province entière. Sheehan (2e, 12e) et O'Brien (7e) marquent trois essais en douze minutes. Cette fois-ci, c'est sûr, le Leinster va prendre sa revanche, écraser les impétueux Français... Eh bien, non. Le Stade rochelais s'impose, meilleur contre le Leinster que face à

Toulouse quelques semaines plus tard, en finale du Top 14. À Dublin même, les joueurs de l'équipe nationale d'Irlande sont encore ridiculisés par les Français de La Rochelle. Une malédiction…

Et en 2024, contre Toulouse…

« Je ne veux pas faire de catastrophisme, analysait encore Cullen, pendant que la bande de Dupont festoyait sur la pelouse de Tottenham. Mes Leinstermen ont été immenses contre Toulouse et ce match ne nous a pas fait perdre confiance. Caelan Doris et Joe McCarthy, nos jeunes leaders, seront d'ailleurs les porte-drapeaux de notre équipe dans les années à venir. Très vite, on verra aussi de quel bois on est fait et si nous sommes capables de gagner ou non le United Rugby Championship. »

Le United Rugby Championship – URC pour les intimes – est la nouvelle version de la Ligue celte, avec des franchises irlandaises, écossaises, galloises, italiennes et sud-africaines.

Leo Cullen avait donné rendez-vous en URC. Hélas pour les joueurs de Dublin, l'aventure s'est arrêtée précipitamment au stade des demi-finales : défaite 25-20, face aux Bulls sud-africains. La ligue intercontinentale a finalement été remportée par les Warriors de Glasgow.

Au Leinster, désormais, de se réinventer… pour une revanche ?

Chapitre XVI

PLACE DU CAPITOLE,
la folie rouge et noire

Red
KINGDOM
CHAMPIONS

Double
CHAMPIONS
PODIOCOM

CHAMPIONS CUP
ARDIFF 1996
UBLIN 2003
ARIS 2010
NDRES 2021
2024

Investec

Investec
Investec CHAMPIONS CUP

31
chausson

Chapitre XVII

INTERVIEW – Jean-Luc Moudenc

« En tant que maire de Toulouse, je suis un enfant gâté »

Maire de Toulouse depuis 2014 (il l'avait déjà été entre 2004 et 2008), Jean-Luc Moudenc était présent dans les tribunes du Tottenham Stadium, pour supporter le Stade toulousain en finale.

Que ressent-on quand on est le maire des champions d'Europe de rugby ?

Jean-Luc Moudenc : Une très grande fierté. Je me sens comme un enfant gâté. Le Stade toulousain a un public fidèle de supporters, j'en fais partie. Nous faisons tous partie d'un groupe d'enfants privilégiés. Nous avons une grande chance de détenir autant de titres européens – c'est nous qui en avons le plus – et de Brennus – c'est nous qui en avons le plus aussi. Le Stade toulousain est l'un des ambassadeurs du rugby les plus prestigieux et les plus connus.

Vous étiez à Londres pour la finale. Racontez-nous comment vous avez vécu ce moment.

Je suis allé à Londres plein d'espoir et plein de crainte. Je savais qu'on pouvait gagner, tout en ayant conscience que le Leinster nous a souvent barré la route. Certes, les Irlandais ne nous ont jamais battus en finale, mais ils nous ont plusieurs fois éliminés en demies. Je savais que ce serait extrêmement rude, difficile. Dès la première mi-temps, on a compris que le match serait un choc entre deux géants. Ensuite, nous avons vécu de la torture chinoise avec un suspense insoutenable. J'ai souvent cru que nous avions gagné… puis, dès l'instant suivant, que le match était perdu ! Avec la prolongation, cela a été tendu jusqu'au bout.

Né à Toulouse, maire de Toulouse... Que représente le rugby dans votre vie ?

Le rugby fait partie de la vie de tous les Toulousains. Hormis quelques années, j'ai vécu presque toute ma vie à Toulouse. Le rugby est une partie de nous-mêmes. Depuis toujours, c'est notre identité.

Dans un monde où le sport et le rugby s'internationalisent, le Stade toulousain aligne un grand nombre de joueurs formés à Toulouse, et même nés à Toulouse. Vous en êtes fier ?

C'est une particularité qui me touche énormément. Notre équipe a des racines toulousaines. Toulouse et la région au sens large fournissent une bonne partie de l'effectif. Je connais tous les joueurs, certains sont là depuis très longtemps, et je note aussi que les joueurs qui viennent d'ailleurs deviennent de vrais Toulousains au fil des ans. Cet attachement, ce fondement expliquent que le rugby est notre culture.

Comment expliquez-vous cette particularité ?

C'est le choix et la volonté constante des dirigeants successifs du club. Les dirigeants et les entraîneurs ont cette volonté de maintenir l'identité du club. On ne veut pas d'un club dans une logique commerciale, mais un club ancré dans son terreau.

Quelle est la place du Stade toulousain dans la ville de Toulouse, dans ses quartiers ?

C'est un club ouvert sur la ville. Les joueurs sont engagés dans un nombre considérable d'actions humanitaires. Ils sont très présents dans la vie toulousaine en dehors du champ strictement sportif. Bien sûr, ils sont présents auprès des clubs de rugby de l'agglomération toulousaine et ont des relations avec le monde sportif, le TéFéCé. Ces dernières années, Didier Lacroix et Ugo Mola ont encouragé des relations avec des entités et des lieux qui paraissent a priori éloignés du rugby. Par exemple, ils ont organisé un échange avec l'orchestre du Capitole. La rencontre paraissait assez improbable. La phalange et l'équipe ont passé des moments ensemble, certains rugbymen se sont même essayés à la pratique de tel ou tel instrument. Récemment, ils se sont livrés à une action humanitaire au centre d'art contemporain des abattoirs de Toulouse.

Comment décririez-vous le public d'Ernest-Wallon ?

C'est la famille. Un public fidèle, passionné, toulousain mais pas seulement. Cela va au-delà de notre ville.

Avez-vous été impressionné par le retour de blessure de Romain Ntamack ?

J'ai bien senti son immense déception d'être éloigné du terrain pendant de longs mois. Il est revenu en forme, en plus il s'apprête à être papa, c'est un moment important dans sa vie. C'est un garçon formidable. En 2023, c'est grâce à lui que nous avons obtenu le 22e Brennus deux minutes avant la fin

du match. C'était une torture similaire à celle de 2024. D'ailleurs, à Tottenham, j'avais l'impression de revivre les mêmes émotions que celles du Stade de France. Ntamack nous avait sauvés. Il a ce talent de débouler là où on ne l'attend pas. Il joue toujours à très bon escient.

Antoine Dupont impressionne par sa capacité à jongler entre les objectifs : équipe de France à XV, équipe de France à VII, Stade toulousain… Comment fait-il ?

C'est un garçon avec une personnalité extrêmement solide. Il a des racines paysannes. Il en est fier et il a bien raison. Ce terreau de rugby très traditionnel (les Hautes-Pyrénées, le Gers…), je crois que ça lui a donné des bases, non seulement techniques, mais surtout humaines, des repères, des valeurs. Tout ce qui lui a forgé une personnalité précocement très solide. Il a un talent hors pair et un mental très sûr. Dans les moments tendus, quand le match est indécis, il ne perd jamais de temps. Humainement, il est très reconnu par le groupe. Antoine est très amical. En dehors du fait que c'est un excellentissime joueur de rugby, c'est un type bien. Un homme remarquable. Et, effectivement, sur tous les fronts du calendrier, il est toujours à la hauteur.

Que lui avez-vous dit après la finale ?

Oh, vous savez, dans ces moments-là, il faut respecter les choses. Les joueurs sont entre eux. C'est très important. Quand je descends dans les vestiaires, après un Brennus ou une coupe d'Europe, je connais les rituels du vestiaire. Ils chantent, c'est festif. Mon rôle est plutôt à l'écart, en admirateur et simple supporter. Je les laisse entre eux et leur parle très peu. Je me contente de les remercier. « Bravo » et « merci » sont les mots les plus naturels.

Comment imaginez-vous l'avenir du Stade toulousain face à la concurrence extérieure ?

C'est une question qui n'est pas facile. Vous connaissez la particularité du Stade toulousain dans le paysage rugbystique français de l'élite. C'est un club qui n'a pas pour actionnaire un milliardaire qui déverse de l'argent de manière illimitée. La structure du club appartient à une association. Le Stade toulousain est particulièrement attaché à cette particularité, pour l'aspect enraciné, très toulousain, humain, culturel. Cependant, il faut reconnaître que le modèle économique porté par le Stade toulousain a une puissance fortement limitée. Depuis de longs mois, avec Didier Lacroix et son équipe, nous réfléchissons à la manière dont nous pourrions développer l'outil, afin que le Stade toulousain engrange davantage de recettes, et dispose donc de davantage de moyens. Ce sujet n'est pas facile, car il y a beaucoup de questions à traiter : le foncier, l'urbanisme... Cela représente des sommes considérables. Il faut trouver le bon véhicule juridique, la bonne formule, conforme aux règles de droit.

Chapitre XVIII

DEMI-FINALE DU TOP 14 – *La symphonie du duel*

En demi-finale, Toulouse retrouve son meilleur ennemi des années 2020.

Le rapport des Toulousains aux Rochelais peut parfois être étrange. D'un certain aspect, il y a de la frustration et une grande rivalité aiguisée par le fait d'avoir vu ce club récemment inexpérimenté au plus haut niveau ravir deux coupes d'Europe, coup sur coup, face au redoutable Leinster, cette équipe d'Irlande qui avait éliminé les Rouge & Noir, à chaque fois. Mais, de l'autre, on ne peut pas dire que La Rochelle soit la bête noire de Toulouse... bien au contraire ! Sur les bords de l'Atlantique, on s'interroge d'ailleurs probablement sur la destinée du palmarès jaune et noir si les deux finales européennes n'avaient pas été contre les Dubliners, mais face aux Haut-Garonnais. Les Rochelais seraient-ils aujourd'hui détenteurs de deux Champions Cup ? Sauf votre respect, permettez aux Toulousains d'en douter. Souvenons-nous des duels couperets, ceux qui comptent (en mettant de côté les matches de saison régulière).

Finale du Top 14, en 2023 : victoire de Toulouse, grâce à l'exploit improbable de Ntamack à la dernière minute (29-26)

Barrage du Top 14, en 2022 : victoire de Toulouse (33-28)

Finale du Top 14, en 2021 : victoire de Toulouse (18-8)

Finale de Champions Cup, en 2021 : victoire de Toulouse (22-17)

Demi-finale de Top 14, en 2019 : victoire de Toulouse (20-6)

Cela fait donc cinq matches couperets, tous remportés par le Stade toulousain.

Une statistique qui a attisé une intense rivalité entre les deux managers, Mola et O'Gara, à tel point que l'Irlandais s'était laissé aller au cours d'une conférence de presse, l'année dernière : « L'avis d'Ugo Mola sur le Stade rochelais n'était pas intéressant dans le passé. Il n'est pas intéressant dans le présent, et il ne sera pas intéressant dans l'avenir. » Précisons que l'avis en question du manager haut-garonnais était plutôt positif puisqu'il se disait « admiratif », et « pas jaloux » de la réussite maritime. Après la surprenante saillie du manager irlandais, l'entraîneur en chef toulousain avait répondu ceci : « Des fois, il vaut mieux se taire et passer pour un con que de parler et dans tous les cas dire des choses qui s'éloigneraient ou ne laisseraient plus aucun doute sur le sujet. Donc, je vais me taire. Je sais aussi que cela dépasse le cadre de la communication, des environnements, des coachs en communication ou de la préparation mentale, et que le jeu voulait peut-être être déplacé hors du terrain. Nous, nous resterons sur le terrain. Rassurez-vous, les joueurs pourront en découdre, mais pas les staffs ni les présidents. Jusqu'à preuve du contraire, cela ne sert pas à grand-chose. »

Cette année, Ugo Mola n'a pas ajouté d'huile sur un feu déjà bien nourri : « Peu importe les rivalités, les confrontations, les adversaires, mes joueurs sont dans le challenge permanent. Parfois, quand on est assez content de ce que l'on fait, on baisse notre niveau de vigilance. Mais mes joueurs acceptent de travailler dur pour plus tard : c'est la force de ce groupe, ils ont toujours cette volonté de se donner les moyens d'être encore meilleurs. »

Une demie prometteuse

Rochelais et Toulousains se retrouvent ainsi pour une nouvelle symphonie du duel, le 21 juin 2024, jour de la fête de la musique. Pendant que les partenaires d'Antoine Dupont se régénéraient (« Je me sens plus frais physiquement et mentalement que les autres saisons », dixit le ministre de l'Intérieur), les Rochelais ont bataillé en barrage pour éliminer le RC Toulon à Mayol (29-34).

Voici les deux quinze de départ :

Stade toulousain : Baille, Mauvaka, Aldegheri – Arnold, Flament – Cros, Willis, Roumat – Dupont, Ntamack – Kinghorn, Ahki, Chocobares, Mallia, Ramos.

Stade rochelais : Atonio, Latu, Wardi – Picquette, Skelton – Cancoriet, Jegou, Alldritt – Kerr-Barlow, Hastoy – Leyds, Favre, Seuteni, Nowell, Dulin.

Le 2 juin, les deux rivaux se sont déjà affrontés en phase régulière, avec un résultat nul, mais riche en points (31-31) qui promet beaucoup pour cette demi-finale, disputée au Matmut Atlantique de Bordeaux.

D'entrée de jeu, Toulouse met la pression sur son adversaire, surpris en position de hors-jeu dès le coup d'envoi – ou presque – et sanctionné par une première pénalité de Thomas Ramos (3-0, 2e). Les Rochelais sont toutefois les premiers à toucher la terre promise, au terme d'un ballon porté à montrer dans les écoles de rugby, mené et conclu par Latu et transformé par Hastoy (3-7, 11e). En réaction, Toulouse pilonne les 22 mètres adverses et les Rochelais, acculés, multiplient les fautes. Jack Nowell paye pour le collectif et reçoit un carton jaune. Kinghorn profite des espaces (10-10, 22e). Le match tient

toutes ses promesses ! À la demi-heure de jeu, Antoine Dupont accélère dans l'axe et Juan Cruz Mallia termine l'action en beauté (15-10, 31e). Alors que les Haut-Garonnais semblent prendre l'ascendant, les Rochelais durcissent la partie grâce à la qualité et à l'âpreté de leur jeu au sol. Hastoy engrange (15-13, 35e), Jack Willis est exclu temporairement puis Greg Alldritt joue son rôle de capitaine des ex-doubles champions d'Europe. À la mi-temps, La Rochelle est en avance (15-20).

En seconde période, deux événements bouleversent le scénario de la demi-finale. Dès le retour des vestiaires, Uini Atonio se rend coupable d'un plaquage à l'épaule sur Thibaud Flament. Carton rouge. La Rochelle à 14. Les Toulousains en profitent avec un essai de Mallia, qui efface Dulin (22-20, 48e). Moins de cinq minutes plus tard, l'ineffable Santiago Chocobares contre le coup de pied de Brice Dulin et file à l'essai (19-20, 52e). À l'heure de jeu, Julien Marchand provoque Reda Wardi. Ce dernier voit rouge et adresse un coup de tête au talonneur toulousain, et reçoit logiquement un carton... rouge. Pour sa provocation, Marchand reçoit un sévère carton jaune. Pendant dix minutes, les deux équipes sont à 13 contre 14, puis à 13 contre 15. « Quand on a deux cartons rouges, on perd », réagit sobrement Ronan O'Gara. Juste avant le coup de sifflet final, Romain Ntamack cisèle une passe au pied transversale pour Matthis Lebel (39-23, score final).

Débrief made in Mola

En conférence de presse, Ugo Mola analyse longuement cette nouvelle qualification en finale :

« Je ne vous cache pas que c'est très bien de se retrouver en finale du championnat, alors qu'on a attaqué le 17 juillet et qu'on a mené une campagne européenne pleine. On a misé sur la fraîcheur et sur la gestion d'effectif. Au regard des quatre ou cinq dernières sorties de La Rochelle, on savait que le match allait être très tendu. Et il a été très tendu. [...] Dans le jeu au sol, nous avons été très nuls. Il faut le reconnaître quand les adversaires sont bons, ce qui est le cas sur le jeu d'avants des Rochelais et leur capacité à mettre de leur côté le jeu au sol. C'est un gros gros gros point noir sur une situation qui d'habitude est meilleure, même s'il nous arrive de perdre des ballons vu qu'on multiplie le nombre de rucks. Mais là, on perd neuf ou dix rucks et on est pénalisés quinze fois, il me semble. C'est beaucoup trop. Sur la fin de match notamment, à 14 contre 13 puis à 15 contre 13 je ne nous ai pas trouvés comme d'habitude... On a joué, on a essayé de marquer vite, de sauter alors qu'il y avait des opportunités de partout. Chacun a fait un peu la sienne et on a fait espérer La Rochelle qui s'était pourtant mis une balle dans le pied. [...] Je suis content d'être en finale. Mais je trouve qu'en fin de première mi-temps, on a une

contre-attaque de Romain Ntamack sur un ruck, où on s'expose un peu trop facilement. Derrière, pénaltouche, ballon porté, carton jaune de Jack Willis et essai... On paye cash une mi-temps qui n'est pourtant plutôt pas trop mal gérée. On tourne à cinq points en notre défaveur et je sens qu'on a l'impression de chercher un peu le rythme et notre rugby. Même s'il y a eu des choses bien exploitées, avec la volonté de jouer les touches et des pénalités rapidement. On savait qu'il fallait faire voyager un peu cette équipe pour, physiquement, faire valoir notre rugby. On s'est compliqué la tâche. Je suis content, mais pas totalement satisfait du niveau affiché ce soir. Je vais le considérer comme un match de reprise, même si c'est un peu fort. En tout cas, il aurait mérité d'être plus en phase avec nos standards. J'espère qu'on sera un peu mieux la semaine prochaine. [...] Voilà, on a gagné un match âpre, une énième fois. C'était le sixième de phase finale contre La Rochelle. Ce fut souvent les mêmes ingrédients. Mais on a encore du boulot et il faut se remettre d'aplomb, notamment le jeu au sol et la défense des ballons portés. Si on est capable de répondre à ça, on a montré des intentions intéressantes. On a envie d'entraîner l'intention avec ce groupe, pas forcément des situations et des actions. Malgré le déchet, elle a été à la hauteur de nos attentes. »

Place à la finale... à la conquête du doublé !

Chapitre XIX

ROMAIN, THÉO, ALEXANDRE, ARTHUR, EDGAR, PAUL… les « fils de » toulousains

Au Stade toulousain, nombreux sont les joueurs qui doivent se faire un prénom.

Ce n'est pas une spécificité exclusivement toulousaine. La preuve avec le meilleur marqueur d'essais de l'équipe de France, Damian Penaud, fils de l'ancien international Alain Penaud. Mais aussi : Louis Carbonel (fils d'Alain, centre emblématique du RCT) ; Mathis Galthié, progéniture du sélectionneur du XV de France. Le rugby étant souvent une affaire de famille, le Top 14 et la Pro D2 regorgent de noms plus ou moins connus qui, saison après saison, reviennent à nos oreilles après plusieurs années d'oubli relatif. Parfois, on lit un article dans la presse qui nous présente telle ou telle pépite d'un centre de formation, et on se souvient : Ah ! tiens, Antoine Aucagne a gagné le Championnat de France espoirs avec Aurillac, c'est le fils de David ? Non ? Ah ! son neveu !

Le Stade toulousain n'échappe pas à la règle, bien au contraire.

Commençons par le plus célèbre d'entre eux :

Romain Ntamack, entré dans la légende du Stade en inscrivant l'essai du Brennus à la dernière minute de la finale au Stade de France, en 2023, est le fils d'une autre légende du club Rouge & Noir : Emile Ntamack, qui fait partie de la première équipe championne d'Europe en 1996. À nouveau champion d'Europe en 2003, « Milou » est photographié avec la coupe et son fils de 4 ans sur les épaules. Qui aurait pu imaginer que ce petit garçon, en 2021, porterait à son tour son papa sur son dos, pour rejouer la photo après la victoire en Champions Cup ? Cette année-là, la famille Ntamack devenait la première de l'histoire à avoir une coupe d'Europe pour le père, et une pour le fils.

Mais un Ntamack peut en cacher un autre… Théo, né en 2002. Contrairement à son père et son grand frère, il joue à l'avant, au poste de troisième ligne. Durant la coupe du monde, il a bénéficié de beaucoup de temps de jeu en Top 14.

La « Roume »

Les auditeurs du Super Moscato Show – incontournable émission radio sur RMC pour les amoureux du rugby – entendent souvent parler de « la Roume », ami des chroniqueurs Vincent Moscato et Denis Charvet. Olivier Roumat a été sélectionné à 62 reprises en équipe de France. Le Landais de deux mètres, qui a joué à Biarritz et aux Sharks, évoluait au cœur de la mêlée, deuxième ou troisième ligne. Désormais, le nom « Roumat » est surtout celui d'Alexandre. Troisième ligne, il est formé à Biarritz, avant de

se révéler à Bordeaux-Bègles, et d'exploser à Toulouse, en 2022. Appelé par Galthié lors du Tournoi des VI Nations de 2024, il compte quatre sélections en équipe de France.

Directeur du développement sportif de l'ASM Clermont, ancien adjoint de Marc Lièvremont en équipe de France et ex-directeur technique national, Didier Retière est un personnage central du rugby tricolore. Mais quand son fils, Arthur, tend le bras pour marquer un essai qui offre une coupe d'Europe à La Rochelle en 2022, il est un père comme les autres. Désormais, Arthur a garni son armoire à trophées en rejoignant le Stade toulousain. Si son père était un pilier redouté, Arthur affiche un gabarit différent, occupant divers postes à l'arrière. Comme les Ntamack, les fils Retière sont deux à Toulouse. Edgar – demi d'ouverture – a été prêté à Rouen, pour emmagasiner du temps de jeu.

Citons aussi Paul Costes, fils d'Arnaud Costes, vainqueur du Bouclier européen en 1999 avec Montferrand ; ou Matthis Lebel, fils de Mickaël Lebel, ancien troisième ligne auscitain du FCAG, en Top 16.

Lorsque vous apercevrez le bébé de Romain Ntamack à Ernest-Wallon ou dans les rues de la ville rose, vous ne pourrez plus dire que vous n'étiez pas prévenus... graine de champion !

Chapitre XX

L'OGRE CROQUE un vingt-troisième Brennus

Lors d'une finale historique pour l'ampleur du score, le Stade toulousain s'est comporté comme un cannibale, en dévorant son adversaire.

Et encore une finale. Grâce à son succès sur le fil face au Stade rochelais, Toulouse atteint une nouvelle fois la dernière marche d'une compétition. Au Stade Vélodrome (le Stade de France est réservé pour les Jeux olympiques), les Rouge & Noir vont tenter de remporter une dixième finale consécutive (Top 14 et Champions Cup réunis). La statistique est ahurissante, la réussite toulousaine en finale insolente. Il faut remonter à l'année 2008 pour trouver la trace d'une finale perdue, face au Munster. À l'époque, Guy Novès en était encore le manager ! Ce qui signifie, aussi, qu'Ugo Mola n'a jamais perdu une finale en tant qu'entraîneur en chef. Cela n'est pas rien...

On peut donc parler d'un match entre un spécialiste et un bizuth. Il s'agit en effet de la toute première finale à ce niveau de l'Union Bordeaux-Bègles. Le club, unifié en 2006, a régulièrement joué les phases finales, été éliminé en demi-finale lors des trois dernières saisons, tutoyant aussi son rêve en coupe d'Europe cette année (élimination en demi-finale par Northampton). Dans le passé, les deux clubs de la Gironde ont été sacrés champions de France, avant la fusion : le Stade bordelais, sept titres nationaux entre 1899 et 1911, puis le CA Bègles, champion en 1969 et 1991. « Toulouse, c'est clairement une montagne au vu de leur saison et de leur palmarès, confirme Maxime Lucu. Ils ont aussi l'habitude alors que de notre côté, ça sera notre première finale donc il y a forcément du déséquilibre dans l'expérience même si sur un match, tout peut se passer. »

Pour cette finale, le Stade toulousain devra composer sans ses piliers titulaires, le Néo-Zélandais Nepo Laulala, et le Français Cyril Baille, blessé à Bordeaux la semaine précédente. Un double coup dur qui n'inquiète pas Ugo Mola : « Je crois qu'on a utilisé quatorze piliers cette année. Donc j'ai envie de dire qu'il y aura en finale un bon numéro 1, un beau numéro 3, un beau numéro 17 et un beau numéro 23. L'un des tournants de la demi-finale est quand La Rochelle reprend une mêlée sur une pénalité et ceux qui sont censés être remplaçants

ont relevé le challenge. Cela nous a mis dans une bonne posture aux alentours de la 60e minute. David Ainu'u ou Joël Merkler sont de jeunes joueurs formés au club. Nepo Laulala et Cyril Baille seront dans la tribune. C'est comme ça, c'est la vie d'un groupe. Sincèrement, on a beaucoup de chance que le club forme depuis des années beaucoup de piliers. Depuis 2017, hormis les jokers, nous sommes seulement allés chercher Charlie Faumuina et Nepo Laulala. Tout le reste est issu de notre formation. Il y a un gros travail réalisé, en son temps par William Servat, par Thierry Savio qui est notre « docteur ès mêlée », et Virgil Lacombe. On a des jeunes mais c'est l'heure pour eux. Ils ne vont pas attendre qu'on les pousse. C'est l'heure, il faut y aller. »

Il faudra y aller aussi sans Emmanuel Meafou et Mathis Lebel, autres absents de marque. L'ailier français est remplacé par l'Italien Ange Capuozzo, longtemps absent cette saison. De jeunes joueurs prennent place sur le banc (Vergé, Brennan...), un beau symbole en conclusion d'une saison où 59 joueurs différents auront participé au moins à un match. Cela fait presque quatre équipes...

Un staff girondin... très toulousain

À Bordeaux, l'infirmerie déborde de grands joueurs. Après tant d'années à rêver d'une finale, l'UBB aborde ce grand rendez-vous avec des tauliers qui sont mal en point. Blessés, Matthieu Jalibert et Ben Tameifuna sont quand même titulaires, évidemment pas à 100 % de leurs moyens physiques. Le staff bordelo-béglais peuvent en revanche compter sur un Tevita Tatafu en pleine forme : le Tongien est un as du franchissement et du duel, avec 78 plaquages cassés en Top 14 cette saison (seuls le Clermontois Moala et le Palois Attissogbe font mieux).

Voici les compositions d'équipe.

Stade toulousain : Neti, Mauvaka, Aldegheri – Arnold, Flament – Cros, Willis, Roumat – Dupont, Ntamack – Kinghorn, Ahki, Chocobares, Mallia, Ramos.

Remplaçants : Marchand, Ainu'u, Vergé, Brennan, Graou, Capuozzo, Costes, Merkler.

UBB : Poirot, Lamothe, Tameifuna – Cazeaux, Coleman – Vergnes, Diaby, Tatafu – Lucu, Jalibert – Bielle-Biarrey, Moefana, Depoortere, Penaud, Buros.

Remplaçants : Maynadier, Boniface, Douglas, Bochaton, Samu, Abadie, Uberti, Taufa.

Le staff girondin ne passerait pas inaperçu dans les rues de Toulouse... Yannick Bru, le manager général, a remporté deux Boucliers de Brennus (1999, 2001) et deux coupes d'Europe (2003, 2005) avec le Stade. C'est encore mieux pour l'entraîneur de la mêlée, Jean-Baptiste Poux, triple champion de France (2008, 2011, 2012) et triple champion d'Europe (2003, 2005, 2010) sous le maillot rouge et noir.

L'étude des confrontations précédentes, quant à elle, donne peu d'espoir à l'UBB. Certes, les Girondins ont battu Toulouse lors du dernier affrontement, en mars (31-28), mais si l'on recense les dix derniers duels, huit ont tourné à l'avantage des hommes de Mola.

À Bègles, on mise beaucoup sur une statistique positive : cette saison, en Top 14, l'UBB gagne plus de 1 000 mètres par match grâce à la qualité et à la variété de son jeu au pied, soit 300 mètres de plus par match que le Stade toulousain. C'est considérable. En demi-finale, les Girondins ont créé l'exploit en s'imposant à Paris, face au Stade français (20-22), l'une des meilleures équipes de la saison régulière. En barrages, l'UBB avait éliminé le Racing 92 (31-17).

L'été est enfin arrivé sur la France. 25 degrés à Marseille, à 21 h. 66 760 spectateurs garnissent le Vélodrome : il s'agit de la plus forte affluence de l'histoire de l'enceinte marseillaise. Un seul absent : Emmanuel Macron. Présent l'année dernière, le président de la République a logiquement déclaré forfait, à deux jours des élections législatives surprises. Il est remplacé par sa ministre des sports, Amélie Oudéa-Castéra, mais celle-ci ne descend pas sur la pelouse pour le protocole d'avant-match, assuré par René Bouscatel, ancien président du Stade toulousain et désormais président de la LNR, et Florian Grill, président de la FFR. Ludovic Cayré donne le coup d'envoi. Et si l'on revivait cette finale de rêve ?

Un désir d'asphyxie

Le jeu d'observation ne durera pas longtemps. Ramos et Jalibert se jaugent, au pied, et le Toulousain prend déjà l'ascendant. Sans une mésentente entre Ntamack et Kinghorn, les Haut-Garonnais auraient pu marquer dès la 5e minute. Il faudra attendre… deux minutes de plus. C'est tout. Les Rouge & Noir veulent frapper fort, très vite. « Asphyxier l'adversaire durant les vingt premières minutes », c'est la consigne donnée par le staff de Mola, qui craint beaucoup l'intensité physique de l'UBB en début de partie. Le moins qu'on puisse dire, c'est que Toulouse s'est bien préparé, et que Toulouse n'aura rien à craindre, jamais, dans ce match. Mauvaka chaparde le ballon en fond d'alignement, et, dès la première incursion toulousaine dans les 22 mètres adverses, la longue possession envoie Antoine Dupont à Dame ! Leader incontesté de cette équipe malgré tous ses allers-retours dans les différentes équipes de France, le capitaine est celui qui montre la voie, en toutes circonstances. Ramos transforme (7-0, 7e). Un coup de pied pour l'Histoire… qui lui permet de devenir le recordman du nombre de points inscrits dans les finales de Top 14, devant le Clermontois Brock James. Et ce n'est que le début du match… Pour l'Union, c'est la double peine. Coupable d'un plaquage haut sur Ahki, durant l'action, Tatafu écope d'un carton jaune. L'UBB perd l'un de ses meilleurs joueurs pendant dix minutes.

Ramos pour l'Histoire

À la 11e minute, Maxime Lucu passe une pénalité. Trois points (7-3, 11e). À cet instant du match, personne n'imagine qu'il s'agira des derniers points marqués par l'UBB, alors qu'il reste soixante-neuf minutes à jouer. Rien que d'y penser, après-coup, c'est vertigineux.

Quatre minutes plus tard, Thomas Ramos écrit (encore) l'Histoire : celle de son club, cette fois-ci. À seulement 28 ans, il devient le meilleur buteur du Stade toulousain, toutes époques confondues. En marquant cette pénalité (10-3, 15e), il dépasse Jean-Baptiste Elissalde (1 776 points) dans les hauts sommets.

Les Stadistes sont intraitables sur les ballons portés, reprenant à leur compte l'arme préférée des Bordelo-Béglais en demi-finale. Alors que l'UBB a limité les dégâts durant son infériorité numérique, Peato Mauvaka aplatit un nouvel essai (15-3, 21e). Ramos manque l'occasion de dépasser encore un peu plus Elissalde, ce qui fait souffler un (tout) petit peu les Girondins. « Chaque plaquage que l'on manquera, cela sera un franchissement pour Toulouse, regrette Yannick Bru, au micro de Canal+. Il faut retrouver plus de vigueur dans notre jeu. » De son côté, Ugo Mola s'avoue presque surpris de l'entame de match tonitruante de ses joueurs. Lui qui redoutait l'intensité des vingt premières minutes bordelaises, voilà que celles-ci se sont passées sans encombre.

D'autant que l'heure du chef-d'œuvre arrive.

Monsieur Antoine Dupont. Serait-il donc temps de balayer une fois pour toutes cette vilaine malédiction qui le poursuit au Stade Vélodrome ? À Marseille, le ministre de l'Intérieur a deux souvenirs exécrables : un carton rouge contre l'Afrique du Sud (test-match, 2022), et une facture maxillo-zygomatique face à la Namibie (Mondial 2023).

À la 23e minute – jour de vingt-troisième Brennus –, Toulouse met en place sa « spéciale ». Il s'agit d'une combinaison tactique travaillée à maintes reprises à l'entraînement, et déjà éprouvée en match par le passé : essai de Dupont face aux Harlequins (phase de poules, Champions Cup), essai de Lebel contre le Munster (Champions Cup 2022). Même si les adversaires ont étudié cette situation à la vidéo, il est très compliqué d'entraver le mouvement des flèches toulousaines, qui se déplacent tels des danseurs de ballet. Alignement précis sur la touche, Neti en verrouilleur de maul, Mauvaka en chef d'orchestre. Ce dernier s'excentre vers la gauche, ballon en main, mais c'est un leurre. Sachant pertinemment où se trouve son coéquipier argentin, il adresse une passe aveugle à l'intérieur vers Mallia, qui s'engouffre dans l'intervalle. Le Puma passe après contact à Antoine Dupont. C'est le moment du petit « bonbon » du capitaine rouge et noir. Saluons d'abord le travail de l'ombre de Mauvaka, qui, en continuant son action, empêche Tatafu de revenir défendre sur Dupont. À trente mètres de l'en-but, dans l'axe, le numéro 9 fixe Maxime Lucu, et dispose d'une solution idéale sur sa gauche, avec la présence de Chocobares, démarqué. Le Français et l'Argentin peuvent jouer le « deux contre un ». Mais le ministère de l'Intérieur du rugby français – qui ne craint aucune dissolution – s'amuse de son habituel remplaçant en équipe de France, en le lobant d'un coup de pied habile. Dupont anticipe le rebond capricieux et récupère l'ovale d'une seule main. Alors qu'il dispose de trois soutiens pour l'aider à marquer l'essai, il vole droit dans l'en-but, droit au but, résistant au retour de Buros et Bielle-Biarrey. Voilà Dupont définitivement rabiboché avec la ville de Marseille. Ce bijou s'inscrit immédiatement dans la collection de ses plus beaux essais, et tournera pendant de longues années dans les best of des finales et les bandes-annonces du Top 14. « Un essai de tableau noir », se régale Marc Lièvremont, au commentaire de la finale sur Canal. Ramos transforme. Les Bordelo-Béglais déglutissent. 22 à 3 en 25 minutes. Presque un point encaissé par minute. L'UBB est au bord du précipice. Ou déjà KO ?

Sens unique

En plus du réalisme toulousain, il y a l'indiscipline girondine. Les hommes de Bru ont été pénalisés quatre fois en vingt-cinq minutes, contre une seule fois pour les Haut-Garonnais. Rien ne sourit au challenger. Déjà blessé avant la rencontre, Tameifuna est touché à l'épaule, mais, au courage, conserve sa place sur le terrain. Huit minutes plus tard, même sort pour Jalibert...

À la demi-heure de jeu, les observateurs notent un fait rare : une erreur technique d'Antoine Dupont, qui expédie un coup de pied en ballon mort. Sans conséquence...

Pour l'UBB, il est temps que la mi-temps soit sifflée. Dans ses propres 22 mètres, l'alignement girondin offre un ballon en or à Peato Mauvaka – comme si Toulouse avait besoin de cadeaux ce soir ! Le talonneur international pense avoir aplati, mais l'arbitrage vidéo invalide finalement son essai. À la pause, la bière n'aura pas la même saveur pour tout le monde. Toulouse mène 22 à 3. En tribune de presse, on se dit que c'est l'occasion idéale d'écrire les mots suivants : une première mi-temps à sens unique.

Au retour des vestiaires, les supporters girondins rêvent du frisson, celui qui leur permettrait de croire en l'impossible, au moins pendant une partie de la seconde période. Pour cela, il leur faudrait marquer rapidement. Aller à Dame. Enflammer le match. Faire douter les Toulousains. Mais comment, précisément, instiller du flou dans le cerveau de machines à gagner ? Froid, presque glacial, Thomas Ramos envoie un message clair à l'adversaire en passant une pénalité dès la 44e minute. Non seulement l'UBB ne se crée pas d'occasion, mais en plus, Toulouse accroît son avance (25-3, 44e). Le mot *remontada* n'a pas été inventé pour du rugby. Même dans le jeu au pied, par ses chandelles, Dupont fait mal aux Bordelais. Dès qu'un ballon est expédié dans les airs, un des Rouge & Noir est à la retombée. Ramos manque une pénalité. Le Stade joue « sérieux », pour engranger les points, avec juste la pointe de fantaisie nécessaire à l'efficacité. Alors que les Girondins ont à peine franchi la ligne médiane, Romain Ntamack décoche un coup de pied rasant pour son arrière. Ramos file à l'essai et améliore sa paire de records, même s'il manque la transformation (30-3, 64e).

Ugo Mola ouvre son banc, pour faire participer les plus jeunes à la fête : Merkler, Vergé, Brennan entrent en jeu. Un symbole d'autant plus fort que ce sont les jeunes, en début de saison, qui ont permis au Stade d'assurer la délicate période de la coupe du monde (cf. les premiers chapitres).

Dans tous les secteurs de jeu, la domination toulousaine est écrasante. De son côté, l'UBB, dépassée, rate la moindre tentative. Julien Marchand, joker de luxe de Mauvaka, profite d'un groupé pénétrant pour inscrire le cinquième essai de la finale (35-3, 68e).

Record de points en finale

Dans les tribunes, la réalisation s'attarde sur les papas heureux (Arnaud Costes, Olivier Roumat…), tout sourire de voir leurs fistons prolonger – voire magnifier – leurs heures de gloire.

Deuxième ligne de 22 ans, Clément Vergé intercepte une passe du malheureux Lucu. Paul Costes envoie une passe sautée à Blair Kinghorn, aujourd'hui positionné à l'aile en l'absence de Lebel. Et l'Écossais d'aplatir un sixième essai, puis de le transformer (42-3, 72e). À cet instant, le Stade vient de battre un nouveau record : celui du plus grand nombre de points marqués en finale du championnat, détenu jusqu'alors par le Biarritz Olympique. C'était en 2006 contre… Toulouse.

À dix minutes de la fin, il se produit un événement rarissime dans un match couperet : Antoine Dupont est remplacé en cours de match ! Son suppléant officiel, Paul Graou, connaît sa mission et son destin : beaucoup de temps de jeu quand le meilleur demi de mêlée du monde est en vadrouille dans le monde ou à Marcoussis, et quasiment pas la moindre minute le reste du temps. Avec quarante points d'avance, Mola peut voir venir, et choisit donc de rappeler son capitaine sur le banc, afin de lui offrir une gigantesque ovation. Jamais Dupont

n'avait eu pareil sourire en quittant la pelouse du Vélodrome ! « J'espère que j'aurai un texto sympa de Jérôme Daret et Christophe Reigt pour me remercier de l'avoir ménagé en vue des JO », plaisante Ugo Mola.

« Attention à ce que la correction ne se transforme pas en rouste », prévient Eric Bayle sur Canal, au moment où les trois-quarts toulousains mettent une fois encore leur jeu en place. Thomas Ramos est à la conclusion pour signer un magnifique doublé. Remplaçant exemplaire lors de la phase finale de coupe d'Europe, l'arrière a parfaitement réussi sa finale de Top 14, cette fois-ci dans la peau d'un titulaire (47-3, 76e).

Les Stadistes atteindront-ils les cinquante points dans cette finale invraisemblable ?

Pour les dernières minutes, le polyvalent Mauvaka revient sur le terrain, au poste de troisième ligne.

Un 100 m olympique

Au tour de David Ainu'u de participer à la fête. Le jeune pilier des Samoa américaines transperce une défense apathique, résignée, voire désespérée. Huitième essai ! Avez-vous déjà vu pareil Maxime Lucu, accroupi, tête basse, au bord des larmes ? Kinghorn transforme. 54 à 3. Que ce soit pour pleurer ou pour exulter, les 66 000 spectateurs photographient le tableau d'affichage, encore plus estomaquant qu'un discours d'Emmanuel Macron un dimanche soir d'élections européennes. Avant même la fin du match, Yannick Bru se lève. Dignement, il salue un à un les membres de son staff, parmi lesquels l'ancien kiné du Stade toulousain, Christophe Foucault. Pendant ce triste ballet, les joueurs de l'UBB, dont on devine le sentiment de honte, s'escriment à marquer un essai, pour le geste, et amincir le score. Sérieux, jusqu'au bout, les Toulousains ne laissent pas un instant de répit à leur adversaire (victime ?), défendent au plus dur. Mieux, les Stadistes entendent inscrire un essai supplémentaire. Paul Costes récupère le ballon. Toulouse a plus de cent mètres à remonter. Mauvaka, imperturbable, perce le premier rideau. Ange Capuozzo est encore dans son camp lorsqu'il hérite du ballon. L'international italien se lance dans une chevauchée fantastique, mémorable, fixe longuement Damian Penaud et gagne son duel, aplatissant quelques millisecondes avant d'être expédié en touche par l'ailier de l'équipe de France. Neuvième essai ! La soirée vire au cauchemar. Kinghorn manque la transformation. La barre des soixante points ne sera pas atteinte, mais même les plus gourmands s'en remettront. Les gourmets auront aussi apprécié la beauté des actions toulousaines, un régal pour les yeux de tout spectateur neutre. « On a joué notre plus beau rugby », sourit le génial Mauvaka. Avec, évidemment, une pointe de tristesse pour une formation girondine qui ne méritait pas, sur l'ensemble de sa saison, une telle fessée. Toulouse s'impose 59 à 3, le plus grand écart de l'histoire du Championnat de France en finale.

Cette fois-ci, Maxime Lucu est définitivement effondré. Les Girondins ne parviennent même pas à ressentir la déception de ne pas être champions de France, tant ils sont sonnés, abattus par la foudre haut-garonnaise.

Au micro de Canal+, Antoine Dupont prend le temps de débriefer cet incroyable succès : « Il faut dire qu'on commence à avoir de la bouteille, même quelques cheveux blancs pour certains. On joue avec un froid, un calme. [...] J'ai atteint bien plus que ce que j'avais pu imaginer quand j'étais enfant... il vaut mieux ne pas réaliser pour conserver la motivation de s'entraîner. »

Insatiable, le Stade toulousain remporte son vingt-troisième bouclier de Brennus. C'est le troisième doublé Top 14/Champions Cup de l'Histoire du club, et déjà le second de la « génération Dupont », après celui de 2021. Depuis 2019, c'est le sixième trophée pour le « Real Madrid du rugby ». « On ne peut pas se lasser d'un Brennus », assure Ramos, pilier d'une équipe qui ambitionne de devenir la plus titrée du Stade toulousain, dans les années futures. Assurément, elle en a les capacités.

Sur la pelouse du Vél', Antoine Dupont décroche le Bouclier de son socle avec René Bouscatel, son ancien président, puis laisse le privilège aux anciens, Guitoune et Fa'asalele, de le brandir ensemble.

TOULOUSE EST CHAMPION DE FRANCE !

Antoine Dupont est logiquement élu homme du match.

Ugo Mola a tenu à adresser ses louanges à d'autres joueurs, notamment le pack et les remplaçants : « J'ai adoré l'entrée de nos jeunes : Joël Merkler, Clément Vergé, Paul Costes, David Ainu'u, mais aussi Ange Capuozzo. Sans oublier la très grosse entrée en jeu de notre co-capitaine, Julien Marchand. Notre groupe a fonctionné, et a été bon. Ce que je retiens, c'est que cette équipe, au-delà des rivalités, veut marquer sa génération et son sport. Elle est bien partie. Cela commence à être pas mal ce soir. Mais je pense qu'il en manque encore un peu… »

Après les célébrations, Ugo Mola, qui parle régulièrement de karma, laisse exploser sa colère – jusqu'ici étouffée – née des propos de Pierre Salviac, ancien commentateur du rugby sur France 2, désormais indépendant. Ce dernier avait sous-entendu que le Stade était avantagé par René Bouscatel, président de la Ligue, dans le choix des arbitres. Avec une telle démonstration en finale, le club haut-garonnais a prouvé qu'il n'avait pas besoin d'offrandes pour dominer le rugby européen. « On va essayer d'en profiter et puis on va évidemment préparer la suite parce qu'on était déjà très attendus. On dérangeait un petit peu au regard de ce que j'entendais ici ou là, des réflexions sur l'arbitrage pas très bien senties de certains commentateurs qui sincèrement auraient mieux fait de fermer leur gueule. »

Chapitre XXI

PRÉSENTATION DES QUINZE FINALISTES, *avec un mot de François Cros*

Voici les fiches techniques de tous les joueurs ayant participé à la finale de la coupe d'Europe, titulaires et remplaçants, ainsi que le staff technique. François Cros glisse un mot au passage pour vous les présenter.

La radiographie de la feuille de match de la finale nous apprend beaucoup de l'ancrage toulousain de ce club. Comment être aussi dominant tout en étant profondément local ? Cette problématique n'en est pas une au Stade toulousain : sur les quinze titulaires de Londres, cinq – soit un tiers – sont nés dans une maternité toulousaine. Si l'on creuse un peu plus loin, on s'aperçoit que près de la moitié du XV a été formée par le club haut-garonnais. Et en ajoutant les remplaçants, on arrive au total de 12 joueurs (sur 23) formés au club.

L'ancrage local est aussi transmis par le staff : du manager au dernier assistant, tous les entraîneurs sont d'anciens joueurs du Stade toulousain. Il n'y a pas de secret.

DANS LE PACK

1. Cyril BAILLE

Pilier gauche. Né le 15 septembre 1993 à Pau. 182 cm – 118 kg. International français (50 sélections). Formé au club.

Le mot de François Cros : Un joueur pétri de talent. Techniquement, il est incroyable, car il a la précision d'un numéro 10. Très créatif sur le terrain, il porte beaucoup le ballon. C'est un maillon important de notre dispositif offensif.

2. Peato MAUVAKA

Talonneur. Né le 10 janvier 1997 à Nouméa. 184 cm – 112 kg. International français (31 sélections). Formé au club.

Le mot de François Cros : Peat' est un créateur, qui adore tenter des choses avec le ballon, et qui a la capacité de le faire pendant 80 minutes, à la manière d'un troisième ligne. Sur le terrain, il est fou et imprévisible.

3. Dorian ALDEGHERI

Pilier droit. Né le 4 août 1993 à Toulouse. 180 cm – 119 kg. International français (19 sélections). Formé au club.

Le mot de François Cros : Un très gros joueur de mêlée. Pendant la finale, il a tenu notre pack face à Porter et Furlong, ce qui n'était pas une mince affaire. Sa rudesse en mêlée est un avantage pour nous.

4. Thibaud FLAMENT

Deuxième ligne. Né le 29 avril 1997 à Paris. 203 cm – 116 kg. International français (25 sélections). Au club depuis 2020. Club précédent : London WASPS.

Le mot de François Cros : Un joueur incroyable, qui sait tout faire. Très adroit, très grand, à la fois rapide et costaud. Il abat beaucoup de travail sur le terrain. Deuxième ligne, troisième ligne, il peut joueur du 4 au 7 sans qu'on voie la différence, ce qui est très bénéfique pour notre effectif.

5. Emmanuel MEAFOU

Deuxième ligne. Né le 12 juillet 1998 à Otahuhu (Nouvelle-Zélande). 203 cm – 145 kg. International français (2 sélections). Au club depuis 2019. Club précédent : New South Wales Country Eagle.

Le mot de François Cros : Manny, c'est le tank de notre pack. Costaud, toujours dans l'avancée, que ce soit en attaque ou en défense. Franchement, en constatant les dégâts qu'il produit, on est heureux de l'avoir de notre côté plutôt que de l'autre.

6. Jack WILLIS

Troisième ligne aile. Né le 24 décembre 1996 à Reading (Angleterre). 190 cm – 112 kg. International anglais (14 sélections). Au club depuis 2022. Club précédent : London WASPS.

Le mot de François Cros : Jack est un joueur exceptionnel, qui a réussi son intégration ultra-rapidement. Offensivement et défensivement, il nous apporte son rugby rugueux. Au sol, il récupère un nombre incalculable de ballons. En finale, son activité pendant 100 minutes est hallucinante, sans la moindre baisse de régime. Dans le combat et dans les rucks, il a donné une nouvelle dimension à notre équipe.

7. François CROS

Troisième ligne aile. Né le 25 mars 1994 à Toulouse. 190 cm – 111 kg. International français (30 sélections). Formé au club.

8. Alexandre ROUMAT

Troisième ligne centre. Né le 27 juin 1997 à Dax. 198 cm – 110 kg. International français (4 sélections). Au club depuis 2022. Club précédent : Bordeaux-Bègles.

Le mot de François Cros : Notre baromètre. Le régulateur entre les avants et les trois-quarts. Il a beaucoup étoffé son jeu en arrivant à Toulouse. Un joueur très complet, efficace, beau à voir jouer, qui orchestre bien la touche.

LA CHARNIÈRE

9. Antoine DUPONT

Capitaine. Demi de mêlée.
Né le 15 novembre 1996 à Lannemezan.
174 cm – 85 kg. International français (52 sélections). Au club depuis 2017.
Club précédent : Castres Olympique.

Le mot de François Cros : Notre meilleur joueur. Il sait à peu près tout faire. Quand il y a besoin de défendre, il défend. Quand l'équipe est dans le dur, il réalise des exploits individuels pour nous remettre devant au score. C'est la pépite de notre équipe.

10. Romain NTAMACK

Demi d'ouverture. Né le 1er mai 1999 à Toulouse. 186 cm – 91 kg. International français (36 sélections). Formé au club.

Le mot de François Cros : Romain a connu une grave blessure avant la coupe du monde, qui l'a vraiment marqué au plus profond de lui. Il avait à cœur de réaliser une saison magnifique. Il est froid, costaud, solide, intelligent, toujours juste dans ses prises de décision. C'est un confort de l'avoir avec nous. La zone du 10 est souvent visée par l'adversaire. Avec lui, on sait qu'il n'y a jamais de failles.

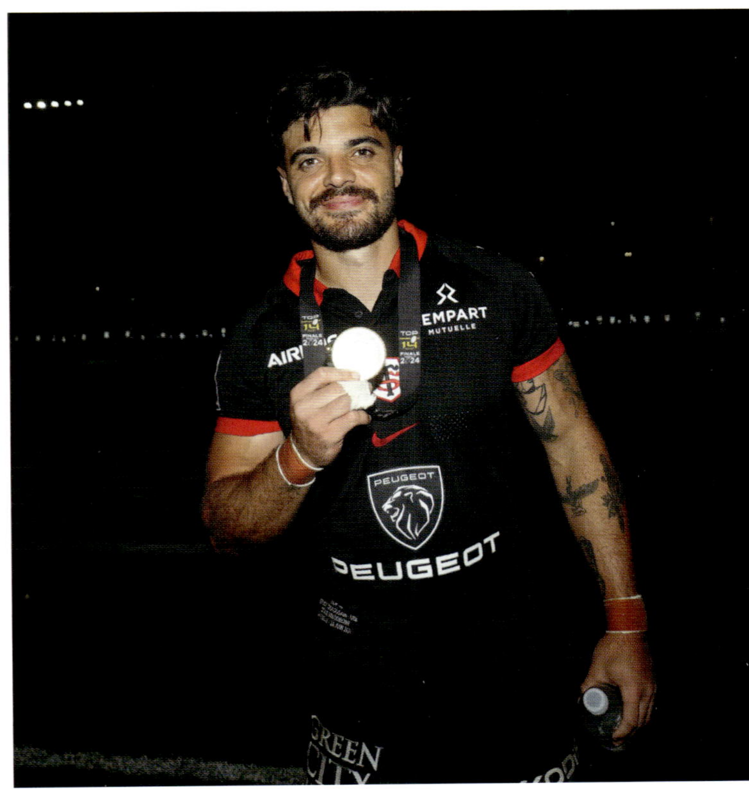

LES ARRIÈRES

11. Matthis LEBEL

Ailier. Né le 25 mars 1999 à Toulouse. 184 cm – 90 kg. International français (6 sélections). Formé au club.

Le mot de François Cros : Un joueur plein d'appuis et de vitesse qui finit très bien les coups, qui est à l'aise avec les ballons hauts, ce qui le rend prépondérant dans le secteur aérien. Quand il est en forme, il est incroyable de vivacité et de rapidité.

12. Pita AHKI

Centre. Né le 24 septembre 1992 à Auckland (Nouvelle-Zélande). 189 cm – 101 kg. International tongien (5 sélections). Au club depuis 2018. Club précédent : Connacht.

Le mot de François Cros : Défensivement et offensivement, il gagne tous ses duels. Il est très utile quand on a besoin de lancer l'attaque au milieu de terrain. Pita est un joueur dont on parle peu alors que son influence sur le collectif est très importante.

13. Paul COSTES

Centre. Né le 4 avril 2003 à Toulouse. 182 cm – 85 kg. Formé au club.

Le mot de François Cros : Paul, c'est la folie ! Joueur imprévisible, il est capable de tout sur le terrain. Sa jeunesse explique peut-être sa fougue, qu'il doit aussi apprendre à canaliser. Très talentueux, il a besoin de jouer pour gagner en maturité. Il est promis à un bel avenir.

14. Juan Cruz MALLIA

Ailier. Né le 11 septembre 1996 à Cordoba (Argentine). 182 cm – 89 kg. International argentin (34 sélections). Au club depuis 2021. Club précédent : Jaguares.

Le mot de François Cros : Notre homme à tout faire. Derrière, il est capable d'occuper tous les postes, toujours en pleine possession de ses moyens. Il a engrangé beaucoup de confiance au cours de ces dernières années. Il a la grinta argentine, ne lâche jamais rien, travaille beaucoup pour les autres et grâce à son talent, il sait tout faire.

15. Blair KINGHORN

Arrière. Né le 18 janvier 1997 à Édimbourg (Écosse). 193 cm – 107 kg. International écossais (53 sélections). Au club depuis 2023. Club précédent : Édimbourg.

Le mot de François Cros : arrivé tardivement dans l'effectif, il s'est intégré presque instantanément dans le groupe. Avec sa taille et sa vitesse, il a des qualités physiques incroyables. Il peut paraître nonchalant, mais il est hyper doué. Son jeu est très propre, d'autant qu'il a dû s'adapter à notre système de jeu offensif où il existe plus de liberté que ce qu'il connaissait en Écosse. Ça lui réussit très bien, car je le sens épanoui.

REMPLAÇANTS

16. Julien MARCHAND

Talonneur. Né le 10 mai 1995 à Loures-Barousse. 181 cm- 110 kg. International français (36 sélections). Formé au club.

17. Rodrigue NETI

Pilier gauche. Né le 26 avril 1995 à Nouméa. 185 cm - 121 kg. International français (2 sélections). Formé au club.

18. Joël MERKLER

Pilier droit ou Deuxième ligne. Né le 25 octobre 2001 à Gelida (Espagne). 194 cm – 135 kg. International espagnol (9 sélections). Formé au club.

19. Richie ARNOLD

Deuxième ligne. Né le 1er juillet 1990 à Wagga Wagga (Australie). 208 cm – 123 kg. International australien (8 sélections). Au club depuis 2019. Club précédent : Yamaha Jubilo.

20. Joshua BRENNAN

Deuxième ligne. Né le 28 novembre 2001 à Dublin (Irlande). 199 cm – 118 kg. Formé au club.

21. Paul GRAOU

Demi de mêlée. Né le 25 juillet 1997 à Auch. 177 cm – 88 kg. Au club depuis 2022. Club précédent : Agen.

22. Santiago CHOCOBARES

Centre. Né le 31 mars 1999 à Rufino (Argentine). 188 cm – 100 kg. International argentin (15 sélections). Au club depuis 2021. Club précédent : Jaguares.

23. Thomas RAMOS

Arrière. Né le 23 juillet 1995 à Mazamet. 178 cm – 87 kg. International français (36 sélections). Formé au club.

LE STAFF

Manager et entraîneur principal :
Ugo MOLA (depuis 2015)

Entraîneur des avants : Jean BOUILHOU (depuis 2020)

Entraîneur des arrières :
Clément POITRENAUD (depuis 2017)

Entraîneur de la défense :
Laurent THUERY (depuis 2015)

Responsable de la mêlée :
Virgile LACOMBE (depuis 2019)

Responsable des rucks :
Jerome KAINO (depuis 2021)

Responsable des skills :
David Mélé (depuis 2022)

Pour la finale de Top 14, le groupe est le même, avec l'incorporation de certains finisseurs (Neti, Arnold, Chocobares et Ramos) au poste de titulaires, au gré des blessures des uns ou des autres.

Chapitre XXII

RÉSULTATS et statistiques

CHAMPIONS CUP

JOURNÉE 1 (9 décembre 2023)

Stade toulousain 52-7 Cardiff
Mi-temps : 31-7
7 essais : Lebel, Arnold, Kinghorn (x2), Jelonch, Retière, Placines

Composition : Baille, Mauvaka, Ainuu – Arnold, Meafou – Flament, Jelonch, Roumat – Dupont, Ramos – Retière, Ahki, Barassi, Lebel, Kinghorn.

JOURNÉE 2 (17 décembre 2023)

Harlequins 19-47 Stade toulousain
Mi-temps : 12-21
7 essais : Barassi (x2), Delibes, Mauvaka, Lebel, Neti, Ramos
Carton jaune : Ahki

Composition : Baille, Mauvaka, Laulala – Arnold, Meafou – Cros, Jelonch, Roumat – Dupont, Ramos – Lebel, Ahki, Barassi, Delibes, Kinghorn.

JOURNÉE 3 (13 janvier 2024)

Ulster 24-48 Stade toulousain
Mi-temps : 10-22
7 essais : Lebel, Mauvaka (x2), Dupont (x2), Roumat, Meafou

Composition : Baille, Mauvaka, Aldegheri – Arnold, Meafou – Cros, Jelonch, Roumat – Dupont, Ramos – Lebel, Ahki, Delibes, Mallia, Kinghorn.

JOURNÉE 4 (21 janvier 2024)

Stade toulousain 31-19 Bath
Mi-temps : 19-19
5 essais : Meafou, Ramos (x2), pénalité, Mallia

Composition : Baille, Mauvaka, Aldegheri – Arnold, Meafou – Cros, Willis, Jelonch – Dupont, Ramos – Lebel, Ahki, Delibes, Mallia, Kinghorn.

PHASE FINALE - CHAMPIONS CUP

HUITIÈMES DE FINALE (7 avril 2024)

Stade toulousain 31-7 Racing
Mi-temps : 10-0
5 essais : Mauvaka, Lebel, Costes, Ahki, Roumat

Composition : Baille, Mauvaka, Aldegheri – Arnold, Meafou – Willis, Cros, Roumat – Dupont, Ntamack – Lebel, Ahki, Barassi, Mallia, Kinghorn.

QUARTS DE FINALE (14 avril 2024)

Stade toulousain 64-26 Exeter
Mi-temps : 17-16
9 essais : Ntamack, Willis, Kinghorn (x2), Ahki (x2), Dupont, Mallia (x2)
Carton jaune : Mauvaka

Composition : Baille, Mauvaka, Aldegheri – Arnold, Meafou – Willis, Cros, Roumat – Dupont, Ntamack – Lebel, Ahki, Costes, Mallia, Kinghorn.

DEMI-FINALE (5 mai 2024)

Stade toulousain 38-26 Harlequins
Mi-temps : 31-12
6 essais : Lebel, Mauvaka, Flament, Dupont (x2), Flament

Composition : Baille, Mauvaka, Aldegheri – Flament, Meafou – Cros, Willis, Roumat – Dupont, Ntamack – Lebel, Ahki, Costes, Mallia, Kinghorn.

FINALE (25 mai 2024)

Stade toulousain 31-22 Leinster
Mi-temps : 6-9
Temps réglementaire : 15-15
1 essai : Lebel
Carton rouge : Arnold

Composition : Baille, Mauvaka, Aldegheri – Flament, Meafou – Willis, Cros, Roumat – Dupont, Ntamack – Lebel, Ahki, Costes, Mallia, Kinghorn.

TOP 14

JOURNÉE 1 (18 août 2023)

Aviron Bayonnais 26-7 Stade toulousain
Mi-temps : 10-7
1 essai : Graou

Composition : Neti, Boubila, Franks – Brennan, Fa'asalele – Placines, Ntamack, Roumat – Graou, Germain – Retière, Guitoune, Barassi, Tauzin, Lebel.

JOURNÉE 2 (27 août 2023)

Stade toulousain 38-13 Montpellier
Mi-temps : 26-6
6 essais : Lebel, Cramont, Guitoune (x2), Ntamack, Barassi
Carton jaune : Fa'asalele

Composition : Neti, Cramont, Franks – Meafou, Fa'asalele – Banos, Ntamack, Roumat – Graou, Germain – Bituniyata, Guitoune, Costes, Tauzin, Lebel.

JOURNÉE 3 (2 septembre 2023)

Oyonnax 21-27 Stade toulousain
Mi-temps : 3-17
3 essais : Graou (x2), Tauzin
Carton jaune : Cramont

Composition : Neti, Cramont, Franks – Fa'asalele, Meafou – Banos, Ntamack, Roumat – Graou, Searle – Retière, Guitoune, Costes, Tauzin, Lebel.

JOURNÉE 4 (29 octobre 2023)

Stade toulousain 29-22 Bordeaux-Bègles
Mi-temps : 8-16
3 essais : Ntamack, Germain, Capuozzo

Composition : Neti, Cramont, Franks – Brennan, Fa'asalele – Placines, Ntamack, Roumat – Graou, Searle – Retière, Guitoune, Costes, Tauzin, Lebel.

JOURNÉE 5 (5 novembre 2023)

Section paloise 13-9 Stade toulousain
Mi-temps : 10-9
Composition : Ainuu, Mauvaka, Franks – Arnold, Fa'asalele – Ntamack, Castro Ferreira, Roumat – Graou, Germain – Bituniyata, Ahki, Barassi, Capuozzo, Jaminet.

JOURNÉE 6 (12 novembre 2023)

Stade toulousain 43-34 Perpignan
Mi-temps : 31-6
6 essais : Capuozzo, Jelonch, Arnold, Costes, Jaminet, Mauvaka

Composition : Neti, Mauvaka, Aldegheri – Arnold, Flament – Jelonch, Cros, Roumat – Graou, Ramos – Retière, Barassi, Costes, Capuozzo, Jaminet.

JOURNÉE 7 (18 novembre 2023)

Castres 31-23 Stade toulousain
Mi-temps : 10-9
2 essais : pénalité, Cramont
Carton jaune : Tauzin

Composition : Baille, Cramont, Franks – Flament, Meafou – Placines, Cros, Jelonch – Graou, Dupont – Lebel, Barassi, Cros, Bituniyata, Ramos.

JOURNÉE 8 (25 novembre 2023)

Stade toulousain 31-10 Clermont
Mi-temps : 7-3
4 essais : Chocobares, Tauzin (x2), Germain

Composition : Neti, Cramont, Aldegheri – Arnold, Meafou – Flament, Cros, Jelonch – Dupont, Ramos – Retière, Ahki, Chocobares, Tauzin, Lebel.

JOURNÉE 9 (3 décembre 2023)

Stade français 27-12 Stade toulousain
Mi-temps : 10-0
2 essais : Lebel, Barassi

Composition : Baille, Cramont, Aldegheri – Arnold, Flament – Placines, Cros, Roumat – Graou, Ramos – Retière, Ahki, Chocobares, Tauzin, Lebel.

JOURNÉE 10 (23 décembre 2023)

Stade toulousain 25-17 Toulon
Mi-temps : 12-14
3 essais : Delibes, Mauvaka, Lebel
Carton jaune : Neti

Composition : Neti, Mauvaka, Laulala – Arnold, Meafou – Cros, Jelonch, Roumat – Dupont, Ramos – Lebel, Ahki, Barassi, Delibes, Kinghorn.

JOURNÉE 11 (30 décembre 2023)

Stade rochelais 29-8 Stade toulousain
Mi-temps : 24-3
1 essai : Verge
Cartons jaunes : Brennan, Fa'asalele, Mallia

Composition : Neti, Marchand, Laulala – Verge, Fa'asalele – Placines, Brennan, Willis – Graou, Germain – Bituniyata, Chocobares, Guitoune, Capuozzo, Mallia

JOURNEE 12 (6 janvier 2024)

Stade toulousain 45-0 Lyon
Mi-temps : 12-0
7 essais : Marchand, Ramos (x2), Meafou, Lebel, Mauvaka, Dupont

Composition : Ainuu, Marchand, Aldegheri – Arnold, Meafou – Cros, Willis, Jelonch – Dupont, Ramos – Lebel, Ahki, Delibes, Bituniyata, Mallia.

JOURNÉE 13 (28 janvier 2024)

Racing 20-27 Stade toulousain
Mi-temps : 10-12
4 essais : Dupont, Fa'asalele, Cramont, Capuozzo
Cartons jaunes : Laulala, Brennan

Composition : Neti, Cramont, Laulala – Arnold, Fa'asalele – Willis, Placines, Roumat – Dupont, Mallia – Capuozzo, Ahki, Guitoune, Retière, Kinghorn.

JOURNÉE 14 (3 février 2024)

Stade toulousain 46-26 Bayonne
Mi-temps : 26-19
7 essais : Bituniyata, Ahki, Dupont, Willis, Placines, Barassi (x2)
Cartons jaunes : Fa'asalele, Laulala

Composition : Neti, Cramont, Laulala – Arnold, Fa'asalele – Placines, Willis, Roumat – Graou, Dupont – Retière, Ahki, Guitoune, Bituniyata, Mallia.

JOURNÉE 15 (17 février 2024)

Stade toulousain 61-34 Oyonnax
Mi-temps : 33-22
9 essais : Graou (x4), Ahki, Cramont, pénalité, Ainuu, Lebel

Composition : Neti, Cramont, Laulala – Brennan, Arnold – Banos, Placines, Ntamack – Graou, Mallia – Lebel, Ahki, Barassi, Bituniyata, Capuozzo.

JOURNÉE 16 (25 février 2024)

Clermont 33-37 Stade toulousain
Mi-temps : 5-11
5 essais : Retière (x2), Castro Ferreira (x2), Mallia

Composition : Ainuu, Cramont, Merkler – Brennan, Fa'asalele – Castro Ferreira, Banos, Placines – Germain, Mallia – Retière, Barassi, Costes, Tauzin, Gourgues.

JOURNÉE 17 (2 mars 2024)

Stade toulousain 33-6 Castres
Mi-temps : 21-3
5 essais : Mallia (x2), Meafou, Brennan, Castro Ferreira
Carton jaune : Neti

Composition : Ainuu, Cramont, Merkler – Arnold, Meafou – Banos, Brennan, Willis – Graou, Mallia – Lebel, Ahki, Barassi, Bituniyata, Kinghorn.

JOURNÉE 18 (9 mars 2024)

Perpignan 27-17 Stade toulousain
Mi-temps : 10-10
2 essais : Brennan, Castro Ferreira
Carton jaune : Castro Ferreira

Composition : Trauth, Cramont, Merkler – Brennan, Fa'asalele – Banos, Willis, Castro Ferreira – Graou, Mallia – Retière, Ahki, Costes, Bituniyata, Gourgues.

JOURNÉE 19 (24 mars 2024)

Bordeaux-Bègles 31-28 Stade toulousain
Mi-temps : 24-7
4 essais : Brennan, Ahki, Lebel (x2)
Carton jaune : Costes

Composition : Neti, Marchand, Merkler – Arnold, Flament – Willis, Brennan, Roumat – Graou, Ramos – Lebel, Ahki, Costes, Retière, Mallia.

JOURNÉE 20 (30 mars 2024)

Stade toulousain 31-29 Section paloise
Mi-temps : 19-15
5 essais : Chocobares, Mauvaka, Willis, Meafou, Lebel

Composition : Neti, Mauvaka, Aldegheri – Flament, Meafou – Willis, Cros, Roumat – Graou, Dupont – Lebel, Chocobares, Barassi, Tauzin, Mallia.

JOURNÉE 21 (20 avril 2024)

Toulon 20-19 Stade toulousain
Mi-temps : 10-11
2 essais : Merkler, Tauzin

Composition : Neti, Marchand, Ainuu – Verge, Fa'asalele – Flament, Castro Ferreira, Brennan – Graou, Germain – Tauzin, Chocobares, Guitoune, Delibes – Ramos.

JOURNÉE 22 (27 avril 2024)

Stade toulousain 32-12 Racing
Mi-temps : 13-5
4 essais : Kinghorn, Dupont, Chocobares, Castro Ferreira

Composition : Baille, Marchand, Aldegheri – Flament, Meafou – Castro Ferreira, Brennan, Roumat – Graou, Ntamack – Lebel, Ahki, Delibes, Kinghorn, Ramos.

JOURNÉE 23 (12 mai 2024)

Stade toulousain 49-18 Stade français
Mi-temps : 20-13
6 essais : Lebel, Graou, Ahki, Ramos, Meafou x2

Composition : Baille, Marchand, Aldegheri – Arnold, Flament – Willis, Castro Ferreira, Roumat – Graou, Mallia – Lebel, Ahki, Barassi, Capuozzo, Ramos.

JOURNÉE 24 (18 mai 2024)

Montpellier 22-29 Stade toulousain
Mi-temps : 22-26
4 essais : Castro Ferreira (x2), Bituniyata (x2)
Carton jaune : Bituniyata

Composition : Trauth, Cramont, Merkler – Verge, Fa'asalele – Castro Ferreira, Brennan, Ntamack – Germain, Delpy – Retière, Barassi, Delibes, Bituniyata, Capuozzo.

JOURNÉE 25 (2 juin 2024)

Stade toulousain 31-31 Stade rochelais
Mi-temps : 17-14
4 essais : Capuozzo, Castro Ferreira, Tauzin (x2)

Composition : Neti, Cramont, Ainuu – Verge, Fa'asalele – Cros, Castro Ferreira, Ntamack – Graou, Ramos – Tauzin, Barassi, Delibes, Bituniyata, Capuozzo.

JOURNÉE 26 (8 juin 2024)

Lyon 40-28 Stade toulousain
Mi-temps : 12-21
4 essais : Ntamack, Castro Ferreira, Capuozzo, Guitoune
Carton jaune : Retière

Composition : Trauth, Cramont, Merkler – Verge, Fa'asalele – Castro Ferreira, Brennan, Ntamack – Retière, Germain – Tauzin, Guitoune, Delibes, Bituniyata, Capuozzo.

PHASE FINALE - TOP 14

DEMI-FINALE (21 juin 2024)

Stade toulousain 39-23 Stade rochelais
Mi-temps : 15-20
5 essais : Kinghorn, Mallia (x2), Chocobares, Lebel.
Cartons jaunes : Willis, Marchand

Composition : Baille, Mauvaka, Aldegheri – Arnold, Flament – Cros, Willis, Roumat – Dupont, Ntamack – Kinghorn, Ahki, Chocobares, Mallia, Ramos.

FINALE – TOP 14 (28 juin 2024)

Stade toulousain 59–3 Bordeaux-Bègles
Mi-temps : 22-3
9 essais : Dupont (x2), Mauvaka, Ramos (x2), Marchand, Kinghorn

Composition : Neti, Mauvaka, Aldegheri – Arnold, Flament – Cros, Willis, Roumat – Dupont, Ntamack – Kinghorn, Ahki, Chocobares, Mallia, Ramos.

STATISTIQUES - CHAMPIONS CUP

Meilleurs marqueurs d'essai

- Matthis Lebel (6) – *meilleur marqueur de la coupe d'Europe*
- Peato Mauvaka/Antoine Dupont (5)
- Blair Kinghorn/Juan Cruz Mallia (4)
- Thomas Ramos/Pita Ahki (3)
- Emmanuel Meafou/Alexandre Roumat (2)

Meilleurs réalisateurs

- Thomas Ramos – 78 points (22 transformations, 6 pénalités, 3 essais) – *2e meilleur marqueur de la coupe d'Europe derrière Marcus Smith (85 pts)*
- Blair Kinghorn – 59 points (12 transformations, 5 pénalités, 4 essais)

STATISTIQUES GÉNÉRALES DE LA COUPE D'EUROPE

- Plus grand nombre d'essais marqués (47), devant Bordeaux-Bègles (38) et les Harlequins (36)
- Plus grand nombre de points marqués (342) devant Bordeaux-Bègles (258) et les Harlequins (247)
- Deuxième équipe en nombre de ballons joués à la main (1 016) derrière le Leinster (1 068)
- Meilleure équipe en touche (92 % de réussite, à égalité avec Bordeaux-Bègles)

- Plus grand nombre de mètres parcourus (4 118) devant les Harlequins (3 587) et Northampton (3 493)
- Plus grand nombre de franchissements (102) devant Bordeaux-Bègles (78) et le Leinster (70)
- Plus grand nombre de défenseurs battus (188) devant le Leinster (187) et Northampton (166)
- Plus grand nombre de turnovers (79) devant le Leinster (62) et les Harlequins (62)

STATISTIQUES INDIVIDUELLES

- Antoine Dupont, plus grand nombre de ballons joués à la main (125), devant Caelan Doris (Leinster, 94) et Blair Kinghorn (94)
- Matthis Lebel, plus grand nombre de franchissements (18), devant Antoine Dupont (14) et Louis Bielle-Biarrey (12)
- François Cros, meilleur plaqueur (99) devant Will Evans (Harlequins, 98) et Caelan Doris (Leinster, 90)
- Antoine Dupont, deuxième meilleur passeur (432) derrière Gibson-Park (Leinster, 613)
- Antoine Dupont, recordman de turnovers (13) à égalité avec Will Evans (Harlequins)
- Antoine Dupont, plus grand nombre de passes après contact (21) devant Emmanuel Meafou (17) et Pita Ahki (12)

STATISTIQUES – TOP 14

- Meilleure attaque du championnat (765 points), devant Toulon (704) et l'UBB (677)
- Deuxième équipe en temps de possession (52,6 %) derrière La Rochelle (52,7 %)

Meilleurs marqueurs d'essais :

- Matthis Lebel (10)
- Mathis Castro-Ferreira (9)
- Paul Graou (7)
- Antoine Dupont, Juan Cruz Mallia, Lucas Tauzin (6)
- Thomas Ramos, Ange Capuozzo, Emmanuel Meafou, Peato Mauvaka (5)

Meilleurs réalisateurs :

- Thomas Ramos (149 points : 35 transformations, 18 pénalités, 5 essais)
- Juan Cruz Mallia (86 points : 22 transformations, 6 essais, 4 pénalités)
- Baptiste Germain (46 points : 12 transformations, 3 pénalités, 2 essais, 1 drop)

À noter qu'en raison de l'important turnover qui a eu lieu cette saison, les Toulousains sont peu présents dans les classements individuels du Top 14.

Chapitre XXII

CARDIFF
1996-2025

Et si l'on vous dit que la finale 2025 se déroulera à Cardiff, là où tout a commencé pour le Stade toulousain, il y a trente ans ?

… et que le palmarès des Rouge & Noir compte 29 trophées majeurs (championnat et coupe d'Europe)…

Rendez-vous la saison prochaine pour un trentième titre… et allez le Stade !

Beton Bauen
Beton Bauen